Aleksandr G. Duguin

# La geopolítica de Rusia

De la revolución rusa a Putin

Prólogo por
Jordi de la Fuente Miró

Traducción por
Enrique J. Refoyo

**♞ Hipérbola Janus**

## La geopolítica de Rusia
De la revolución rusa a Putin

Primera edición: mayo 2015
1ª Reimpresión: noviembre 2022
2ª Edición: marzo 2025
Ejemplar impreso bajo demanda.

ISBN: 978-1-961928-26-8 (Tapa blanda)
 978-1-961928-27-5 (Tapa dura)

Obra original:
Aleksandr G. Duguin, *Geopolitika Rossii (Геополитика России)*, Moscú: Gaudeamus, 2012

Hipérbola Janus no se responsabiliza de las opiniones expresadas por el autor ni tiene por qué compartirlas en su integridad.

# Hipérbola Janus

hiperbolajanus.com | info@hiperbolajanus.com | ◉❂⊗ @HiperbolaJanus

# Índice general

# 2015: el mundo ya no es lo que era

*Prólogo de Jordi de la Fuente Miró*

LA OBRA QUE ESTÁ A PUNTO DE DISFRUTAR el lector data del año 2012, por lo que hay que situar en ese contexto la obra, el autor y las circunstancias geopolíticas del momento. Recién terminada la crisis entre Rusia y Georgia, el mundo de aquel entonces veía cómo los actores internacionales cambiaban en la lista de «orden de importancia» con una rapidez nunca vista, apareciendo y desapareciendo actores a un ritmo que antaño no se conocía, cuando las tecnologías eran menos avanzadas, la globalización era un fenómeno que se estudiaba como novedad y, en general, en mundo entero era «más grande» que lo que es hoy en términos de proximidad e inmediatez.

Desde 2012 hasta hoy, 2015, han ocurrido una serie de cosas que han marcado una nueva era, ahora sí, multipolar en las relaciones internacionales, materia de estudio actualizada para la geopolítica y el Derecho Internacional. Se hace necesario analizar por separado, para luego ir entrelazándolos, aquellos espacios geopolíticos que abarcan el planeta entero pero en los que tan sólo unos cuantos actores internacionales son los que llevan la voz cantante.

# El llamado «Occidente»: Europa, Estados Unidos y aliados.

Es un hecho constatado el envejecimiento demográfico en «Occidente» y más concretamente en la Unión Europea (UE) —al margen del resto de Europa—, que sumado a la crisis económica que arrastra desde 2009, no deja margen a un reforzamiento vigoroso del Viejo Continente. Una crisis que ha mostrado a la cara pública cómo la economía europea se sustenta en cimientos poco sólidos más allá de un simple librecambismo y mercado único y unitario: una economía que en realidad se basa en el poder bancario, desde el ente sorprendentemente independiente del poder político comunitario, el Banco Central Europeo (BCE), coordinado desde las distintas y más poderosas bancas privadas del continente. Esta realidad se muestra cada vez que el tipo de interés de dicho BCE es modificado, en teoría según parámetros de mercado pero en realidad en base a la necesidad bancaria del momento, alterando tipos de cambio de divisas, reservas monetarias, impresión de líquido y apertura de créditos entre Estados y particulares. Lo que viene siendo una determinación total de la economía y por ende de la política por parte del juego interbancario: con dos botones los Estados asumen deudas, se hunden o se enfrentan a conveniencia del interés privado de unos pocos.

Crisis económica que, por cierto, ha generado una inesperada crisis la cual se escapa de las crisis cíclicas previsibles de la economía capitalista, que desde los años ochenta del siglo XX estaba orientada al neoliberalismo más que al Estado del Bienestar por el que se caracterizaba la recuperación económica europea posbélica: una crisis institucional sin precedentes en la que gobiernos nacionales, presionados por la opinión pública o convencidos de ello, han ido cuestionando el poder supranacional de las instituciones y normas comunitarias en el seno de la UE, aspectos nunca discutidos y marcados en la agenda por las potencias preponderantes que a día de hoy se debaten entre mantener las viejas estructuras de poder o bien diversificar la Unión en algo más difuso y sin determinar. Por primera vez la propia UE es concebida por muchos de sus antiguos miembros y defensores, Estados nacionales, especialmente los de menor peso económico y/o demográfico, como algo ajeno, distante, burocrático y lo peor de todo: profundamente antidemocrático, alejado de la toma de decisiones pública y participativa de los ciudadanos. Esta imagen es la que crece a diario entre la opinión pública.

Esta doble crisis, económica e institucional, ha debilitado como actor internacional a la UE de forma total y absoluta: aunque sigue siendo un socio comercial preferencial con alto poder adquisitivo, lo cierto es que los mercados gozan más especulando con su economía comunitaria que explotando bienes y servicios como antaño, prefiriendo el rendimiento sobre la deuda y la pérdida de crecimiento de los Estados miembros — sí, existe un auténtico mercado de la deuda y del empobrecimiento que escapa a toda legislación, hablando desde bonos basura a primas de riesgo.

¿Por qué sigue siendo la UE, entonces, un actor internacional protagonista? Por el mismo motivo que por el que lo sigue siendo EEUU: por *path dependence* de sus socios y aliados, por esa herencia recibida durante todo el siglo XX, que hoy puede empezar a cambiar. De hecho, los EEUU y la UE se retroalimentan y son mutuamente sus mayores socios comerciales por el momento. La posición de vasallaje de la UE respecto a EEUU sigue existiendo en lo económico y en lo militar: basta ver los efectos del desastre bancario y bursátil de las burbujas especulativas en EEUU en territorio europeo, por un lado, y la respuesta europea a las aventuras militares norteamericanas en continente asiático, siempre condescendiente cuando no participativas.

Pero algo ha cambiado: la UE ha encontrado en Rusia un socio comercial no ya interesante, sino necesario. La balanza comercial del suministro de gas y petróleo ha aumentado y Rusia empieza a tener un poder especial en nuestra economía. Baste ver el ejemplo de la guerra en Ucrania en 2014-2015, aspecto que no ha podido recogerse en este libro: si Rusia corta el suministro a Ucrania en represalia por su política agresiva hacia las poblaciones rusoparlantes del Este, y la UE amenaza con «represalias comerciales» cuando ha creído contar con el soporte americano, rápidamente tales amenazas han cesado ante la voluntad del Kremlin de aumentar el precio de los suministros a Europa. Los gobiernos europeos se debaten entre la voluntad americana de siempre o establecer unas relaciones cordiales y amistosas con Rusia, y dependiendo del mes y del momento del año el estirón se realiza por un lado o por otro, creando el caos en los mercados, en las economías domésticas y ya no digamos en las relaciones internacionales.

Lo que ocurre en EEUU es un asunto distinto al de Europa y de la UE. Estos últimos no gozan de una ideología concreta que se comporte como el «cimiento de la civilización», más allá de la pretendida ideología de los Derechos Humanos y de la democracia liberal. En EEUU lo que determina en buena parte su acción política exterior y geopolítica es su visión mesiánica de su propio continente y de su propio «*people*» —que no pueblo, como entendemos en Europa— destinados a ser preponderantes en el mundo entero «por voluntad de Dios» — entrando en juego todos los aspectos judeocristianos de la religión protestante que el Aleksandr Duguin ya ha descrito en muchas de sus obras.

El problema actual para EEUU es que esta visión mesiánica se agota cada vez que los hechos no se suceden como esperaba: se encuentra a un enemigo para reforzarla, se pone a todo «Occidente» en su contra, se le ataca, se le derrota total o parcialmente pero luego o bien resurge o bien se transforma en otra fuente de problemas. Es el caso de las últimas guerras en Asia: Afganistán e Irak de forma manifiesta y total —el enemigo artificial del talibán no ha sido derrotado y ahora sí que es un enemigo local, y se han generado nuevos focos de resistencia islámica mucho más virulentos que antes— o los intentos constantes por cercar a Rusia —el *Heartland* geopolítico eurasiático— mediante la fagocitación de sus vecinos, obteniendo como resultado pocos aliados y muchas situaciones estancadas — Osetia, Ucrania. Insistimos, la visión mesiánica, que hasta la derrota en Vietnam era incontestable, pero que retomó fuerza tras la primera Guerra del Golfo, ha vuelto a ponerse en entredicho cuando vender victorias sobre enemigos difusos —ahora el islamismo, a la vez que el «oso ruso» post-soviético— ya no es tan claro para la opinión pública ni para los *mass-media*. Por último, y no menos significativo, los EEUU han ido dejando de lado las intervenciones militares justamente tras la crisis de 2009, debido al desgaste económico que suponen tales operaciones y la necesidad de centrar los esfuerzos económicos del país en superar el bache y restablecer la hegemonía económica.

EEUU no lo tiene nada fácil: a la ya complicada situación de desequilibrio de poder ante Rusia y otras potencias regionales, cuando antes se tenía como potencia unipolar, se le suman los problemas del «patio trasero» americano, esto es, América Latina. En este sentido, la geopolítica de los EEUU siempre había sido la de la Doctrina Monroe: «América para los Americanos», entendiendo a «americanos» por «estadounidenses». Esta visión implicaba que el continente de abajo, y la vía central de acceso al mismo, debían estar controlados por EEUU en beneficio propio —cuestión del mesianismo americano nuevamente— pero tras la aparición y *empowerment* de los llamados «populismos» latinoamericanos, es decir, del movimiento bolivariano y las izquierdas más o menos patrióticas e incluso étnicas de todo tipo[1], EEUU ha encontrado otro freno a su habitual práctica geopolítica. A día de hoy, y tras la muerte en 2013 del principal estandarte de esta tendencia, Hugo Chávez, los EEUU tratan de reforzar posiciones en el continente de abajo con intentos de debilitar el liderazgo, ya de por sí cuestionado, del heredero del chavismo Nicolás Maduro, actual presidente de Venezuela, con la idea de que si desmontan el chavismo el resto de movimientos de oposición al «imperialismo yankee» perecerán o se irán apagando. Nada más lejos de la realidad, han surgido nuevos imprevistos: la Cumbre de las Américas de Abril de 2015 nos ha mostrado cómo EEUU y Cuba rompen sus barreras, al menos en parte, y cómo actores como Ecuador, liderado por la personalidad arrolladora de Rafael Correa, empiezan a llevar la voz cantante de esa oposición al imperio

---

[1]El intento de internacionalización del plan de Chávez para con América Latina se llama Alternativa Bolivariana para los pueblos de nuestra América (ALBA), que actualmente no pasa por su mejor momento.

justificados en su crecimiento económico con un modelo semi-chavista más abierto; por no hablar de Brasil, su modelo propio que guarda distancia con el del resto de populismos bolivarianos y su fuerte rol como miembro del nuevo club llamado BRICS (Brasil, Rusia, India, China, Sudáfrica)[2].

Así las cosas, y de forma resumida: el antiguo mundo eurocéntrico o «occicéntrico» ha desaparecido. Pese a vivir en «Occidente», tanto la política regional como la opinión pública está siendo cada vez más consciente, debido al progreso de la globalización, que el mundo se hace «más pequeño» y que la voluntad y el poder de los gobiernos occidentales están en entredicho cada vez que fracasan ante los intentos de seguir llevando el timón de las relaciones internacionales y de los mercados, ante el crecimiento económico de potencias regionales diversas y dispersas.

Por último, cabe destacar la próxima puesta en marcha de la Asociación Transatlántica para el Comercio y la Inversión (ATCI), más conocido por sus siglas en lengua inglesa como TTIP, *Transatlantic Trade and Investment Partnership*. Este proyecto es de los últimos pasos que el binomio EEUU-UE puede dar para que los muros del Occidente talasocrático no se hundan por la presión externa. Los aspectos más característicos son ya conocidos tras la filtración del borrador de dicho proyecto en marzo de 2014, aunque la UE guarde un especial mutismo y secretismo al respecto, siendo ya *vox populi* la realidad de este tratado: «el anteproyecto filtrado reveló que el tratado no permitiría a los gobiernos aprobar leyes para la regulación de sectores económicos estratégicos como la banca, los seguros, servicios postales o telecomunicaciones. Ante cualquier expropiación, las empresas podrían demandar a los Estados exigiendo la devolución de su inversión más compensaciones e intereses. El tratado permitiría la libre circulación de capitales, establece cuotas para la circulación

---

[2]Este «club» no es una institución formal ni una organización establecida, pero sí define las relaciones internacionales que promueven estos países al mismo tiempo, desde la posible alternativa al dólar como moneda predominante, hasta la presión al Banco Mundial para que las relaciones internacionales no se basen en «Norte-Sur» sino en condiciones de igualdad y soberanía entre estados.

de trabajadores, etcétera.»[3] Con este tratado el llamado Occidente pretende que su poder institucional y económico resista en las esferas internacionales, además de implementar un nuevo *plus* neoliberal en las agendas económicas y sociales de los Estados suscriptores de dicho tratado.

# Asia-Pacífico: fin de la hegemonía tradicional.

Como bien apuntan algunos economistas y entendidos en comercio exterior[4], asistimos hoy a una reordenación de los actores en función de su importancia económica, puesto que este factor había sido durante el siglo XX el determinante a la hora de decir quién era y quién no una potencia mundial. En este sentido, países como China e India, los más poblados del mundo, están «retomando» la posición comercial y económica que históricamente habían tenido, si dejamos al margen el eurocentrismo con el que estudiamos la Historia y la historia de la economía. En una época como la actual en la que, nuevamente decimos, la globalización lleva el progreso tecnológico y comunicativo a todos los rincones del mundo, asistimos a cómo países «subdesarrollados» a ojos de Occidente hace tan sólo cincuenta años, hoy, en igualdad de condiciones técnicas, están superando los niveles de crecimiento económico, y tal vez pronto de «prosperidad social» —en realidad, de consumo, en términos capitalistas— de los países occidentales. No vivimos en el mundo de «Occidente industrializado, Oriente campesino». El avance técnico inunda ambos lados[5].

---

[3]http://es.wikipedia.org/wiki/Asociación_Transatlántica_para_el_Comercio_y_la_Inversión

[4]http://elordenmundial.com/regiones/asia-pacifico/orden-economico-historico-global/

[5]Hay que tener en cuenta otro punto, y es que la Revolución Industrial que empezó en Gran Bretaña tenía, además, el factor colonial añadido, factor que también poseían otros países europeos que se desarrollaron rápidamente. Tanto China como India no poseían un imperio colonial de características similares a los europeos, siendo incluso parte de sus territorios una porción más de los

China, desde las reformas de Deng-Xiaoping, ha venido creciendo durante décadas a un ritmo de más del 10 % del PIB anual. Que justamente ahora crezca alrededor del 5 % o 6 % y su natalidad se haya visto reducida no significa que su avance imparable en el área de influencia mundial vaya a reducirse: el país se ha modernizado, existen una infraestructura suficiente como para seguir creciendo y lo más importante: ha aprendido a tejer su propia área de influencia. El mayor ejemplo es la Organización de Cooperación de Shangai (OCS), establecida en 1996, y que aglutina a Rusia y a diversas ex repúblicas soviéticas. La idea de esta organización es la de contrarrestar las instituciones internacionales en las que el peso occidental es, según las circunstancias actuales, desproporcionadamente mayor en comparación a la realidad asiática, y crear una serie de mecanismos e instituciones al servicio de la cooperación económica, tendiente al libre comercio, y de cooperación militar entre los estados miembros. Dicho de otra forma, la teoría es afirmar la existencia de un mundo multipolar, y no bipolar ni unipolar como en las recientes décadas. Pero China capitanea el barco, siendo bastante manifiesta su voluntad de alzarse como potencia tendiente a la hegemonía mundial; Rusia apunta objetivos dentro de este sistema de alianzas, mientras tiene los suyos propios a buen recaudo; y todos juntos tratan de mantener en su órbita una serie de países que, de otra forma, podrían ser atraídos por el área occidental como antaño. Desde enero de 2015 se ha iniciado el ingreso de India en dicha organización, por lo que el cambio del eje euroatlántico al eje Asia-Pacífico en términos de decisión mundial parece evidente.

Pero, ¿qué hay de los «Tigres Asiáticos», de Japón, de Corea del Sur? Los modelos de capitalismo de estos países generan sus propias crisis cíclicas, estando ya el modelo viviendo momentos de «obsolescencia programada» sin poder competir con los rivales del centro continental. Su único salvavidas es seguir cooperando con Occidente, si quieren seguir teniendo un aura de influencia en la toma de decisiones política y económica mundial, es decir, aferrarse al pasado; pero tras lo que hemos analizado nada está asegurado en

---

imperios europeos de la época.

el nuevo mundo que se avecina.

# África negra, el continente en venta.

Tras la descolonización y la estrategia de endeudamiento de los nuevos Estados independientes africanos para la industrialización masiva de sus países, la realidad que ha quedado no es la de la prosperidad: desindustrialización, paro, enfrentamientos étnicos y religiosos, corrupción y una eterna deuda externa con Occidente son los residuos con los que deben lidiar las naciones africanas en pleno siglo XXI. La «liberación» ha tenido la peor digestión histórica posible de las manos del capitalismo internacional y la globalización: sin crear riqueza, bien se ha repartido la miseria. Y en este contexto, ¿de quién pueden fiarse ahora, cuando las antiguas metrópolis occidentales ya han demostrado su incompetencia, falta de interés o interés aprovechado, o todo junto? Efectivamente, vuelve el actor internacional de moda: China. El gigante asiático está invirtiendo en esta segunda década del siglo XXI un capital nunca visto para la adquisición de derechos de exploración, extracción y distribución de los recursos naturales del continente africano, además de acuerdos con los principales productores de hidrocarburos, y asegurando posiciones estratégicas para un bien tan escaso como necesario: el agua. La estrategia respecto a la que ha seguido Occidente hasta ahora ha sido distinta: mientras los gobiernos occidentales caían en el paternalismo, en la llamada ayuda al desarrollo y en la intromisión en la política interna de las ex colonias para que se parecieran a sus gobiernos demoliberales, los chinos han actuado justo al contrario, respetando la independencia de los Estados, la política interna de sus gobiernos, sean todo lo corruptos que sean, y cambiando la estrategia de ayuda por la de inversión, hablando en términos de negocio. La geopolítica de África no dependerá más de Occidente, sino de China, a golpe de talonario. China a día de hoy es la nueva metrópolis, pero de momento no interfiere en la vida privada de sus colonias. Quién sabe si ante el crecimiento económico de estas últimas querrá que las cosas sigan como hasta ahora y pedirá ciertas afinidades geopolíticas a cambio del mismo dinero que se invierte actualmente.

# El Mundo Islámico, entre el islamismo y la soberanía.

Más o menos coincidiendo con las dos grandes familias del Islam, la chií y la suní, en 2015 el Mundo Islámico se encuentra dividido casi exactamente por estas dos concepciones en lo geopolítico, además de en lo religioso. La familia suní, que mayoritariamente la conforman las petromonarquías árabes y las corrientes del islamismo más radical, han estado y siguen siendo apoyadas financiera y militarmente, cuando no de forma política incluso, por Occidente, mientras la familia chií, que actualmente gira en torno a la influencia de Irán, sigue prefiriendo un desarrollo del Islam en la región independiente de la influencia occidental. A ojos del público occidental «todos son lo mismo», gracias a la labor de manipulación de los *mass-media* o, directamente, de la ignorancia de los mismos. Las diferencias entre los dos bloques en aspectos religiosos se profundizan en unos países y en otros no, como las diferencias en aspectos geopolíticos, siendo muy difícil trazar la línea que separa los bandos.

Empezando en Túnez en 2010, las llamadas Primaveras Árabes, vendidas desde Occidente como «revoluciones democráticas», han resultado en términos generales una desestabilización regional y social de primer orden, generando a día de hoy vacíos de poder en aquellos países que, si antes eran aliados incómodos o directamente adversarios políticos y comerciales de Occidente, hoy son polvorines en los que factores tribales y religiosos mandan y dejan paso libre al islamismo radical en nombre de la Yihad.

Tales revoluciones fueron el efecto no-deseado de las nuevas tecnologías: la propagación rápida e incontrolada de una idea, una tendencia, una rebelión por las redes sociales de un punto a otro de una región, generando un efecto dominó imparable. Algunas de las revueltas árabes fueron auspiciadas y financiadas desde hacía tiempo por Occidente, como en Libia, pero otras, como en Egipto, desembocaron en la caída del aliado tradicional occidental en el gobierno. Ante el caos reinante, los vacíos de poder tanto de aliados como no-aliados de Occidente han ido siendo ocupados o bien por gobiernos más demoliberales, como en Túnez o Argelia, o por gobiernos islamistas electos en las urnas, como en Egipto, posteriormente derrocados por, como no, la clase militar heredera del laicismo nacionalista árabe que había gobernado esos países antaño. Por otro lado, hay escenarios de guerra abierta, como en Libia o Siria, donde los bandos del Islam quedan muy bien diferenciados: por un lado, las fuerzas leales al gobierno de Gadafi en Libia y del gobierno de Al Assad en Siria[6], en representación de regímenes laicos, anti fundamentalistas y de algún modo progresistas, se enfrentaron a un disperso ejército de milicianos que fue cogiendo forma, para ir uniéndose muchos de ellos a un entramado de nuevo cuño autoproclamado Estado Islámico (ISIS o DAESH). En realidad este grupo ya existía en 2003 durante la guerra de Irak, pero no fue hasta 2014 cuando su fuerza se multiplicó, tras la presunta separación del mismo respecto a Al Qaeda, y tras, eso sí, haber recibido ingentes cantidades económicas y de material militar por parte de Arabia Saudí, y de Qatar, que paradójicamente siempre ayudaba a Hamás contra Israel... y estando EEUU e Israel detrás de las petro-monarquías árabes. El nuevo Estado Islámico[7] combina el fundamentalismo absoluto en lo religioso con las modernas tecnologías, en especial las redes sociales, mediante las que la captación de atención internacional y de nuevos acólitos son dos hechos incontestables.

Por vez primera, el islamismo fuera de la influencia de Irán que tanto habían jaleado EEUU, Israel y sus aliados regionales puede haber tomado vida propia y puede convertirse en un agente

---

[6]Destacamos que en Siria existen más actores además del ejército regular sirio, como son el Partido Social-Nacionalista Sirio, su extensión en Líbano, y la propia milicia de Hezbolá que desde Líbano e incluso territorio sirio han defendido posiciones contra el avance terrorista yihadista.

[7]Otra materia de discusión sería si se puede o no considerar al EI un «estado» como tal, porque aún siendo un actor internacional de facto, no se configura como un Estado-nación tradicional, sino con una fórmula dispersa entre el Medievo y la actualidad.

desestabilizador de todo el plan occidental-sionista para la región. Frente a ello, resiste solamente Siria e Irán como los dos focos de soberanía en los que otros países como Irak, Líbano o Egipto, aún siendo de alguna forma aliados o actores para nada incómodos para Occidente en la región, se apoyan y miran con esperanza para que el fundamentalismo no los barra del mapa. De hecho, la intervención de Irán ya es manifiesta: a principios de 2015 y tras el derrocamiento civil del gobierno de Yemen, la guerra civil se ha abierto enfrentando a islamistas suníes, auspiciados por Arabia Saudí, y civiles y milicianos chiíes, arropados por Irán, en un nuevo escenario que se escapa ya de todo control por parte de los tradicionales actores de EEUU e Israel.

Por otro lado, el Estado de Israel, que sigue con su política de extinción palestina, ve cómo sus estrategia de tensión entre los países árabes para que acaben enfrentándose entre ellos, dejando al territorio del Pueblo Elegido en paz, se vuelven contra él. La desestabilización de la región y el descontrol de los grupos islamistas puede ocasionar que, en su debido momento, estos ya no necesiten el apoyo de antaño y decidan atacar al enemigo clásico — que por ahora, ni han nombrado, centrándose las masacres del yihadismo islamista en cristianos y otros musulmanes.

# ¿Y dónde queda Rusia en todo este nuevo mundo?

Rusia, desde el primer gobierno de Putin, ha virado su rumbo errante y de cabeza gacha hacia una postura de soberanía, firmeza y de autoafirmación de su influencia mundial. En los últimos tiempos, para ir más allá de lo que este libro nos ofrece, podemos destacar diversos hechos que nos muestran cómo Rusia reivindica hoy más que nunca su lugar geopolítico en el mundo.

1. Apoyo a los países aliados o que juegan un papel regional importante. Es el caso de Siria en el conflicto que enfrenta a Bashar Al Assad contra el Estado Islámico y el Ejército Sirio

Libre, o el de Irán en Yemen. Rusia ha amenazado, sobretodo en el primer conflicto, con el envío de su ejército para intervenir en el conflicto en nombre de la paz y la estabilidad, en caso que la OTAN tomara la decisión de intervenir directamente. Esta amenaza, por primera vez en muchos años, ha sido tomada muy en serio, sobre todo a raíz de los acontecimientos de Osetia y Georgia y los más recientes en Ucrania.

¿Qué quiere Rusia? Que sigan existiendo Estados soberanos que, de alguna forma, «le deban el favor» y que, en instituciones tales como la ONU o en alguna ocasión de necesitar sus territorios nacionales para maniobrar operaciones comerciales y/o militares, intercedan en su favor. No es casualidad que la mayoría de países que reciben este apoyo manifiesto de Moscú formen parte del «anillo» alrededor del *Heartland* que lo protege y separa del mundo talasocrático.

Por otro lado, el apoyo de Rusia a los países latinoamericanos sigue siendo una tradición que no debemos esperar cambie en los próximos años. Más allá de la buena relación Rusia-Venezuela, al país eurasiático le conviene seguir teniendo ese ojo en América como parte de su influencia en el «patio trasero» de los EEUU, de la misma forma que EEUU ha tratado de hacerlo en los países que antaño estaban en el área de influencia de Rusia en el continente eurasiático.

2. Atar en corto a la UE, mantenerse firme en su política respecto a Ucrania. A finales de 2013, las fuerzas que han promovido la alianza ucro-europea-atlántica en territorio ucraniano promovieron una serie de protestas civiles contra el pacto entre el gobierno ucraniano y el ruso que acercaba posiciones entre estos dos países y alejaba de la órbita occidentalista a Ucrania. Estas protestas fueron a más y se desplegó una violencia inusual que desembocó en una protesta civil, apoyada por todo Occidente, que daba a entender que los manifestantes buscaban la libertad, la pertenencia a la UE y a la OTAN y más

democracia. Nada más lejos, cada grupo de la oposición tenía sus intereses propios pero fueron poniéndose de acuerdo bajo la tutela, literal y ejemplificada en las visitas de John Kerry a territorio ucraniano, de los EEUU. El conflicto derivó en el estallido de las diferencias entre los ciudadanos que se sienten exclusivamente ucranianos y los que se podían sentir ciertamente identificados con Rusia, cuando no literalmente rusos, que habitan las regiones del este del país. El nuevo gobierno de Kiev, declarado admirador de EEUU, de la OTAN y de la UE, no impidió el conflicto civil entre ambos supuestos bandos, hasta que supuestos milicianos del este rusoparlante tomaron posiciones para defender a la población de esas regiones. Se desencadenó una guerra civil, hoy inconclusa, entre el ejército ucraniano, mercenarios y milicianos ultranacionalistas contra milicianos rusófilos y el propio ejército ruso, primero camuflado, luego más manifiesto, en territorio ucraniano, primeramente en la península de Crimea. En marzo de 2014 el parlamento crimeo solicitó su incorporación a la Federación Rusa, seguido de Sebastopol. Teniendo a la Asamblea de la ONU en contra, Rusia siguió hacia adelante. Se sucedieron la declaración de independencia de las rusófilas Repúblicas Populares de Donetsk y de Lugansk. Las nuevas repúblicas viven en un limbo legal internacional dentro de Ucrania pero fuera de ella *de facto*: Rusia está tejiendo la infraestructura definitiva que lleve, con el paso del tiempo, a que no quede más remedio que aceptar su pertenencia a la Federación, y no a Ucrania, pese al Derecho Internacional y a la ley ucraniana.

A cada paso, Rusia ha topado con la oposición de la UE, de la Asamblea de la ONU y, sobre todo, de los EEUU. Pero Rusia no se ha detenido, imponiendo embargos y sanciones a Ucrania, especialmente en el suministro de gas, y así poniendo en serias dificultades al abastecimiento europeo. De esta forma, Rusia ha dicho que su interés está por encima de todo y los estados europeos, debilitados por la crisis y por la no injerencia americana, han tenido que ir aceptando las pautas que poco a poco ha ido marcando Rusia, hasta llegar a los Acuerdos de Minsk II, en los que las regiones rusófilas pueden obtener una autonomía mucho mayor respecto al gobierno central ucraniano y así avanzar hacia el propósito anexionista del Kremlin.

3. La entrada en vigor, desde el 1 de Enero de 2015, de la Unión Económica Euroasiática (UEE) mediante el Tratado de homónimo nombre entre Rusia, Bielorrusia, Kazajstán y Armenia (2 de Enero). Con este movimiento, y tratando de acercar a las repúblicas que antaño formaban parte de la URSS a través de su influencia en la OCS, Rusia trata sin tapujos de relanzar su liderazgo eurasiático tras girar la cabeza hacia Asia, cuando la tenía puesta en la Europa del Este sin haber podido conseguir restablecer a sus antiguos aliados, hoy en la órbita occidentalista dentro de la UE o incluso de la OTAN. Se trata de un mercado común, es decir, unión aduanera en un espacio económico común, con la expectativa de crear una moneda única, además de una serie de instituciones comunitarias al más puro estilo UE pero salvaguardando la celosa soberanía de sus Estados miembros.

Pese a la persistencia de los gobiernos de Moldavia, Georgia y Ucrania, sus respectivas regiones, Transnistria, Osetia del Sur y Abhkazia y Donetsk y Lugansk, se alejan del objetivo atlantista de sus gobiernos habiendo mostrado su interés por formar parte de la UEE.

El mundo ha cambiado mucho desde 2012, y más que lo hará. La globalización y el progreso tecnológico aceleran los procesos de cambio en todo el mundo a un ritmo que en los pasados siglos no podíamos soñar, pero que ahora nos cuestan mucho de seguir. De hecho, el ritmo al que los cambios se suceden no es demasiado humano. El desarrollo del capitalismo escapa a las leyes de lo material y de la escasez de recursos, y nos veremos envueltos en nuevas situaciones en las que las potencias, nuevas y «viejas», competirán por su dominio geopolítico en base a los suministros más básicos para sus poblaciones crecientes. Estoy más que convencido que de la mente y análisis de autores como Aleksandr Duguin podremos aprender muchos detalles que se pasan por alto en los estudios más manidos sobre geopolítica, porque geopolítica no es solamente economía, geografía e intereses políticos, sino también religión, cultura, identidad, civilización y *Weltanschauung* combinados en un cóctel necesario de entender para poder tomar las decisiones adecuadas que afectarán a nuestro futuro.

**Jordi de la Fuente Miró**     🐦 @JordidelaFuente

Nacido en Barcelona (1986), licenciado en Ciencias Políticas y de la Administración Pública (Universitat Pompeu Fabra) y técnico en Comercio Internacional y Logística (Cámara de Comercio de Barcelona). Ha realizado estudios sobre Teoría del Estado y sobre Diplomacia, desarrollando diversas campañas electorales en distintos lugares de España. Es además colaborador de la Fundación «*Identités et Traditions Européennes*» en el Parlamento Europeo.

# Comentarios del traductor

*Por Enrique J. Refoyo*

ENCUÉNTRESE ESTA OBRA COMO UN ANÁLISIS preciso a la vez que breve de la historia geopolítica de Rusia en el último siglo. Una obra de valor académico sin igual, que explica en unas cuantas páginas, el desarrollo de los hechos que más han marcado los destinos de Rusia en los últimos 100 años.

Por otra parte, el autor despliega una serie de conceptos que pueden ser un tanto complejos para aquellos lectores que no están habituados a la terminología geopolítica. *Telurocracia* y *Talasocracia* son muy relevantes: el primero se refiere al poder de la Tierra, y el segundo se refiere al poder del Mar. Estos poderes aparecen como fuerzas irresistibles que luchan sin cesar por el control mundial en la gran guerra de los continentes. Y todos los países del mundo se acaban alineando en torno a esta dicotomía.

Otros conceptos importantes son también: *Heartland*, el Corazón de la Tierra, que el autor —en otros libros— lo deja sin traducción al ruso, pero, estimé que para los lectores hispanohablantes les sería más sencillo tener en su propia lengua un concepto que se tanto repite a lo largo de la obra. *Heartland* hace referencia al núcleo de la *Telurocracia*, que el autor sitúa en el espacio aproximado de Rusia.

Habrían también otros dos conceptos que destacaría por su importancia en el presente libro: Por un lado, *Rimland*, que se refiere a todas las zonas costeras del gran continente euroasiático. Y por el otro, *Raumsinn*, que es el significado espacial geopolítico, esto es, entender los sucesos presentes por toda la herencia de lo ocurrido en un determinado espacio.

También habría un concepto triple, este es, la polaridad; pudiendo ser unipolar, bipolar o multipolar. En el primer caso sólo existiría un polo (o potencia) hegemónica; en el segundo caso, estaríamos en un mundo de dos polos (o potencias); y en el tercer caso, nos hallaríamos en un mundo de tres o más polos (o potencias).

Para facilitar la comprensión de los movimientos territoriales que se describen a lo largo de la obra, al final del libro pueden encontrar los mapas necesarios para entender las fases de cambio. A su vez, encontrarán numerosas notas de traductor [NdT] a lo largo de la obra, que espero sinceramente, sean de ayuda para comprender algunos conceptos o sucesos que el autor da por sabidos para el público ruso, pero que al público español les pueden resultar altamente desconocidos.

Y finalmente, para no demorarles más en la lectura de estas interesantes páginas, entiendo que todo lector apasionado de la geopolítica, debería entender ésta disciplina, no como un sistema ideológico, sino como un sistema metodológico que nos ayuda en el análisis y comprensión de la realidad. En la geopolítica, a veces hay alguna ideología que guía el camino de una potencia, y en otros casos —quizá los más numerosos— la única guía es la adquisición de poder, el resultado favorable que se vaya a lograr de una acción.

Sin más que añadir, les deseo una buena lectura.

# La geopolítica de Rusia

# 1

# Hacia una geopolítica de Rusia

## Problemas teóricos en la creación de una geopolítica rusa

*L*a geopolítica de Rusia no es una simple aplicación de un arsenal geopolítico del gobierno de Rusia[8]. La geopolítica de Rusia, en otras palabras, no puede ser creada desde la nada, como un simple mecanismo de aplicación de leyes «universales» para lograr un objetivo concreto y bien definido. El problema es que una geopolítica de Rusia es posible sólo desde la base de un profundo estudio de la sociedad de Rusia, tanto de su presente como de su pasado. Antes de trazar conclusiones acerca de cómo el gobierno de Rusia está correlacionado con el espacio, deberíamos estudiar de forma minuciosa y completa

---

[8]NdT: Es importante apreciar que en el idioma castellano, ruso y «de Rusia» tienen un significado similar que no distingue la concreción que si se da en el idioma ruso donde existen dos palabras diferentes. *Russkii* (Русский), significa ruso étnico (aquí se traduce como ruso), y *Rossiskii* (Российский), significa «de Rusia», es decir, todos los pueblos que no son rusos étnicos pero pertenecen a la Federación de Rusia y a su momento, en los diferentes regímenes políticos de Rusia.

la sociedad de Rusia en sus constantes estructurales, y, especialmente, trazar la formación y evolución de las perspectivas rusas sobre el mundo circundante, es decir, debemos estudiar cómo los rusos entienden e interpretan el mundo circundante y su entorno. El problema no es sólo aprender de qué tipo es la estructura geográfica de los territorios de Rusia (contemporáneos o históricos); esto es importante pero insuficiente. Es necesario clarificar cómo la sociedad rusa, en varias etapas, entendió e interpretó la estructura de estos territorios; lo que estimaba como «propio» y lo que reconocía como «extraño»; cómo cambió la conciencia de las fronteras, de la cultura y la identidad como civilización, y en relación al *ethnos* y a los pueblos que viven en territorios colindantes. Las perspectivas de la sociedad rusa (en la base de la cual se formó la sociedad soviética, y en nuestro tiempo, la sociedad de la Federación de Rusia) sobre el espacio están estudiadas de forma insuficiente, y en consecuencia, la parte más importante, necesaria para la creación de una geopolítica de Rusia plenamente desarrollada, por el momento se encuentra ante nosotros de forma fragmentada y episódica.

Además, permanece abierta la cuestión de la actitud de la sociedad rusa hacia formas políticas y tipos de gobierno. Si en el periodo marxista estábamos guiados por la teoría del progreso y los cambios de las formaciones político-económicas, considerando la experiencia de los países del oeste de Europa como «universal», entonces hoy este esquema reduccionista no es el más apropiado, y debemos construir de nuevo un modelo de historia socio-política rusa, estudiar su lógica y proponer generalidades estructurales, que reflejarían esas peculiaridades que son características para las relaciones de nuestra sociedad, en las diferentes etapas históricas, respecto al gobierno y los sistemas políticos. En este caso, tenemos unos pocos trabajos pero relevantes, tanto de teorías marxistas, como también sobre la aplicación directa de los métodos del liberalismo occidental en la historia rusa y en su sociedad, que produce notorias caricaturas, basadas en exageraciones y hostilidad contra los hechos históricos y, sobre todo, contra su significado.

Estas dificultades no deben desalentarnos, aun cuando intuitivamente, puedan servir como puntos de referencia por el momento, los hechos evidentes de la historia social de Rusia, las observaciones sobre las peculiaridades de la cultura rusa, y especialmente la estructura completa de la disciplina geopolítica, hacia la creación de una geopolítica rusa plenamente desarrollada. Aun así, será suficiente para empezar, con la aproximación a una representación de la sociedad rusa.

# Percepción geopolítica

La geopolítica clásica (anglosajona y europea) nos da unos pocos apuntes fundamentales para la construcción de una geopolítica de Rusia. Nosotros podemos aceptarla incondicionalmente. Sin embargo, en este caso interfiere un factor muy importante, la trascendencia de lo que es grande en la física no-clásica (tanto para Einstein, como para Bohr), la que está incluso un grado por encima, apreciable en geopolítica: El sistema geopolítico *depende de la posición del observador y del intérprete*[9]. No es suficiente, coincidir con esos rasgos geopolíticos que la misma geopolítica clásica atribuye a Rusia; debemos aceptar esos rasgos y encontrar su confirmación en nuestra historia y nuestra cultura; es decir, comprendernos a nosotros mismos como productos de este sistema geopolítico; en pocas palabras, comprendernos, no como un observador neutral sino como un observador incrustado en un contexto espacial e histórico. Está de moda denominar a este procedimiento, «percepción geopolítica».

*La percepción geopolítica es la habilidad para percibir conscientemente la totalidad de los factores geopolíticos, con un entendimiento explícito de nuestra posición subjetiva y de las regularidades estructurales de aquello que estamos percibiendo.*

La noción de una «geopolítica de Rusia», no significa sólo ciudadanía y una esfera de conocimiento profesional; esto es algo mucho más profundo: Un geopolítico de Rusia es un exponente de los enfoques geopolíticos y portador de constantes histórico-sociales y

---

[9]Duguin A.G. «Geopolítica».

estratégicas, históricamente características en la sociedad rusa (hoy, esta es la Federación de Rusia). La geopolítica incluye dos posiciones globales (Mackinder las llama «la visión de las gentes del Mar» y «la visión de las gentes de la Tierra»); nadie puede ocupar una posición externa a estas posiciones. Quien se dedique a la geopolítica, lo primero que tiene que hacer es, clarificar su propia posición y relación en el mapa geopolítico del mundo. Esta posición ni es geográfica, ni política (ciudadanía), sino *socio-cultural*, axiológica y de civilización; directamente menciona de pasada la *identidad* del geopolítico mismo. En ciertos casos puede cambiarse, pero esto es algo tan serio como un cambio de confesión religiosa o una modificación radical de las opiniones políticas.

# El «Corazón de la Tierra» (Heartland)

La geopolítica clásica procede del hecho de que *el territorio de la Rusia contemporánea, antes la URSS, y aún antes el Imperio de Rusia, es el Corazón de la Tierra, es decir, es terrestre (telurocrático), el núcleo completo del continente euroasiático.* Mackinder llama a esto «el eje geográfico de la historia», de donde históricamente parten la mayoría de los impulsos telurocráticos (desde los antiguos nómadas de la estepa —Escitas, Sármatas etc.— hasta el centro de la colonización imperial de Rusia de los siglos XVI al XIX, o la expansión comunista en el periodo soviético). El concepto «Corazón de la Tierra»[10] o «Tierra Media», es un *concepto típico geográfico*. Esto no significa pertenencia a Rusia como un gobierno y tampoco tiene exclusivamente un significado geográfico. Estamos tratando con un «significado espacial» («*Raumsinn*» según F. Ratzel[11]), que puede llegar a ser la herencia de la sociedad asentada en este territorio, y en tal caso será percibida e incluida en el sistema social, y en un último análisis, se expresará como historia política. Históricamente, los rusos no se dan cuenta de su localización inmediatamente, habiendo

---

[10]Mackinder H. «*The Geographical Axis of History*»; Mackinder, H. «*Democratic Ideals and Reality: A Study in the Politics of Reconstruction*».

[11]Ratzel F. «*Die Erde un das Leben*». Leipzig, 1902.

aceptado por completo, la batuta de la telurocracia sólo *después de las conquistas mongolas de Gengis Khan*, cuyo imperio fue un modelo de telurocracia.

Pero desde principios del siglo XV Rusia, constante y secuencialmente, se movió hacia la asunción de las características del Corazón de la Tierra, que gradualmente condujeron a *una identificación entre la sociedad rusa y la civilización de la Tierra, la telurocracia*. El Corazón de la Tierra no es una característica cultural de los eslavos orientales, sino que en el curso del proceso histórico, los rusos se encontraron a sí mismos de forma precisa en esta posición y adoptaron la marca de civilización terrestre y continental.

*Por esta razón, la geopolítica de Rusia es por definición, la geopolítica del Corazón de la Tierra; es decir, geopolítica con base terrestre, la geopolítica de la Tierra*[12]. A causa de esto, sabemos de antemano que la sociedad rusa pertenece al tipo terrestre, pero cómo esto tomó forma, qué etapas recorrieron este camino, cómo son expuestas ahora en el entendimiento del espacio y la evolución de las representaciones espaciales, y, por otro lado, cómo se reflejó en las formas políticas e ideologías políticas, son tareas que todavía esperan a ser completamente clarificadas. Esto impone una obligación conocida a priori, en la geopolítica de Rusia; el mundo *debe* verse desde la posición de la civilización de la Tierra.

# Rusia como «una civilización de la Tierra»

Aquí tiene sentido relacionar el volumen de aquello que cae bajo el concepto de «Corazón de la Tierra», y es el núcleo de «la civilización de la Tierra» con la realidad política de la coetánea Federación de Rusia en sus fronteras actuales.

Esta correlación tiene un significado sumamente importante: Llevándola a cabo, relaciona a Rusia en su actual condición, con su invariable *sentido del espacio* geopolítico (*Raumsinn*). Esta yuxtaposición nos da algunas guías importantes para la construcción de

---

[12]Duguin A.G. Fundamentos de Geopolítica.

una plena y profunda geopolítica de Rusia en el futuro.

Primero, debemos pensar sobre la coetánea Federación de Rusia en sus fronteras presentes, como *uno de los momentos* de un ciclo histórico más extenso, que durante el recorrido entero, desde el cual, los Estados de los eslavos orientales entraron en contacto con «la civilización de la Tierra», y fueron cada vez más y más identificados con el Corazón de la Tierra. Esto significa que la Rusia contemporánea, considerada geopolíticamente, no es algo nuevo, es decir, que no es solamente un gobierno que apareció hace poco más de veinte años, sino que es un episodio de un amplio proceso histórico a lo largo de muchos siglos, y cada etapa de la historia política rusa coloca a Rusia más y más cerca de convertirse en la expresión de «la civilización de la Tierra» a escala planetaria. Antiguamente, las tribus de los eslavos orientales y del Rus de Kiev eran solamente la periferia de los ortodoxos, la civilización del oriente cristiano que se había formado en la zona de influencia de la segunda Roma. Esto únicamente ubicó a los rusos en el polo oriental europeo.

Después de la invasión de las hordas mongolas, el Rus fue incluido en la construcción geopolítica del imperio nómada terrestre de Gengis Khan (más tarde la parte occidental se escindió bajo el mando de las Hordas de Oro).

La caída de Constantinopla y el debilitamiento de las Hordas de Oro, forjaron al gran principado moscovita, heredero de *dos* tradiciones: Las político–religiosas de Bizancio y las tradicionales eurasianistas, que pasaron a los grandes príncipes rusos (y más tarde a los Zares) desde los mongoles. Desde este momento los rusos empezaron a verse a sí mismos como «La Tercera Roma»; es decir, como los portadores de un planteamiento especial de civilización, que claramente contrasta en todos los parámetros básicos con los Europeos occidentales, esto es, con la civilización católica del oeste. A partir del siglo XV, los rusos emergen en la escena mundial como una «civilización de la Tierra», y en todas las líneas geopolíticas fundamentales de fuerza, en la política exterior están sujetas desde este momento a una materia con un solo objetivo: La integración del Corazón de la Tierra, el fortalecimiento de la influencia en la zona nororiental de Eurasia, la afirmación de identidad antes de hacer frente a sus muy agresivos adversarios de Europa occidental (desde el siglo XVIII, Gran Bretaña y, más en general, el mundo Anglosajón), que fue aceptando la iniciativa de «la civilización del Mar» y la talasocracia. En este duelo entre Rusia e Inglaterra (más tarde los EEUU) que se desarrolló a partir de aquí; desde el siglo XVIII y hasta nuestros días, la lógica geopolítica de la historia del mundo, es «la gran guerra de los continentes[13]».

Este significado geopolítico permanece del todo invariable en todas las etapas posteriores de la historia rusa: Desde el Zarato Moscovita hasta los Romanov, la Rusia de San Petersburgo y la Unión Soviética, hasta la actual Federación de Rusia[14]. Rusia desde el siglo XV hasta el siglo XXI es, a nivel planetario, el polo de la «civilización de la Tierra», una Roma *continental.*

# La continuidad geopolítica de la Federación de Rusia

Debido a todos los parámetros principales, la Federación de Rusia es el heredero geopolítico de los precedentes históricos, políticos y sociales que tomaron forma en el territorio de la llanura rusa, desde el Rus de Kiev a través de las Hordas de Oro, hacia el Zarato Moscovita, el Imperio Ruso y la Unión Soviética. Esta continuidad no es sólo territorial, sino también histórica, social, política y étnica.

---

[13]Leontiev M. «*The Big Game*». St. Petersburg: Astrel'-SPB, 2008.

[14]NdT: Como breve repaso de historia rusa para facilitar la comprensión de estos periodos, el Zarato moscovita se refiere al periodo que transcurre desde el siglo XV con Iván III y la lucha por la liberación frente a la Horda de Oro, hasta 1612 y el fin de la «época de los problemas» por la que entra la dinastía de los Romanov en el trono moscovita. La Rusia de San Petersburgo se refiere al cambio que originó Pedro I a principios del siglo XVIII, cuando fundó la ciudad de San Petersburgo y la elevó a la categoría de capital imperial rusa. Esta situación se mantuvo hasta 1917 en que cayó el Imperio y la dinastía Romanov fue asesinada por los bolcheviques en 1918. La URSS duró de 1922 hasta 1991, en que se disolvió y acabó dando lugar a la actual Federación de Rusia.

Desde tiempos antiguos, el gobierno ruso empezó a formarse en el espacio del Corazón de la Tierra, expandiéndose gradualmente más y más, hasta ocupar todo el Corazón de la Tierra, junto con las zonas adyacentes[15]. Esta expansión espacial del control ruso sobre los territorios eurasiáticos estuvo acompañada por un proceso sociológico paralelo: el fortalecimiento en la sociedad rusa de planteamientos sociales y territoriales, característicos de *una civilización de tipo continental*. Las características fundamentales de esta civilización son:

- Conservadurismo.

- Holismo[16].

- Antropología colectiva[17].

- Sacrificio.

- Orientación idealista.

- Los valores de la fe, el ascetismo, el honor y la lealtad.

La sociología, siguiendo a Werner Sombart, denomina esto como, «la civilización del tipo heroico». En términos del sociólogo Pitirim Sorokin, este es el sistema sociocultural ideal[18]. Tal peculiaridad sociológica se expresó de varias formas políticas, que tenían un *denominador común*, consistente en la reproducción continua de las constantes de civilización y valores básicos, que adquirieron *diferentes* expresiones históricas. El sistema político del Rus de Kiev difiere cualitativamente de la política de las Hordas, y en su momento, del Zarato Moscovita. Tras Pedro I, el sistema político de nuevo cambió bruscamente, y en la revolución de octubre de 1917 también emergió radicalmente un nuevo tipo de Estado. Tras el colapso de la URSS

---

[15]Vernadsky V. «*Outline of Russian history*». SPB: Lan', 2000.

[16]NdT: Holismo supone entender las cosas de una forma universal, como un todo.

[17]El pueblo es más importante que el individuo.

[18]Sorokin P. «*The social and cultural dynamic*». M: Astrel', 2006.

surgió ahí, en el territorio del Corazón de la Tierra, otro gobierno, de nuevo diferente respecto a los anteriores: La coetánea Federación de Rusia.

Pero todas esas formas políticas, que tienen diferencias cualitativas y están fundadas sobre diferentes principios ideológicos y, a veces, directamente contradictorios, tenían un conjunto de rasgos comunes en el transcurso de la historia política rusa. En todas partes, vemos la expresión política de los acuerdos históricos característicos de una sociedad continental, terrestre y de tipo heroico. Esas peculiaridades sociológicas emergieron en la política a través del fenómeno que los filósofos eurasianistas de la década de 1920 llamaron «ideocracia». El modelo idealizado en la esfera sociocultural, como un rasgo general de la sociedad rusa en todas las etapas de su historia, se orientó la ideocracia hacia el ámbito de la política, que también tenía diferentes expresiones ideológicas, pero que preservó una estructura de gobierno vertical, jerárquica y «mesiánica».

# La Federación de Rusia y el mapa geopolítico del mundo

Tras fijar la bien definida identidad geopolítica de la Rusia contemporánea, podemos movernos al siguiente nivel. Tomando en cuenta tal análisis geopolítico, únicamente podemos determinar el lugar de la Federación de la Rusia actual en el mapa *geopolítico* del mundo.

La Federación de Rusia está situada en el espacio del Corazón de la Tierra. La estructura histórica de la sociedad rusa expresa vivamente los rasgos telurocráticos. Sin vacilación alguna, también debemos relacionar la Federación de Rusia, el gobierno del tipo territorial y la sociedad rusa contemporánea con una sociedad fundamentalmente holística.

Las consecuencias de tal identificación geopolítica se perciben a escala global. Desde aquí, podemos hacer una serie de completas deducciones, que debemos situar en la base de una geopolítica de

Rusia consistente y plenamente desarrollada para el futuro.

1. La identidad geopolítica de Rusia, siendo de base territorial y telurocrática, demanda fortalecimiento, profundización, conocimiento y desarrollo. Precisamente en esto consiste el lado sustancial de la política de afirmación de la soberanía política, declarada a principios de la década del 2000 por el Presidente de la Federación de Rusia, V. V. Putin[19]. La soberanía política de Rusia está cargada de un significado mucho más profundo; es la realización de un proyecto estratégico para el mantenimiento de la unidad político-administrativa del Corazón de la Tierra, la (re)creación de las condiciones para que Rusia juegue el papel del polo telurocrático a escala mundial. Fortaleciendo la soberanía de Rusia como gobierno, fortalecemos una de las columnas de la arquitectura mundial geopolítica, es decir, llevamos a cabo una operación, a una escala mucho mayor que un proyecto en relación a la política interior, y en el mejor de los casos, sólo de nuestros vecinos inmediatos. El hecho de que Rusia esté en la perspectiva geopolítica del Corazón de la Tierra hace de su soberanía un problema planetario. Todos los poderes y Estados en el mundo que tienen propiedades telurocráticas, dependen de que Rusia pueda con el desafío histórico y sea capaz de preservar y fortalecer su soberanía.

2. Más allá de cualquier preferencia ideológica, Rusia está condenada al conflicto con la civilización del Mar, la talasocracia, que está personificada en los EEUU y el *orden mundial unipolar con centro en América*. El dualismo geopolítico no tiene nada en común con las peculiaridades ideológicas o económicas de este o aquel país. Una geopolítica global del conflicto desarrollado entre el Imperio Ruso y la monarquía británica, entre el lado socialista y el lado capitalista; y hoy, durante la mayor parte de los acuerdos entre las repúblicas democráticas,

---

[19]NdT: Vladimir Vladimirovich Putin (Владимир Владимирович Путин). Lo primero es el nombre, lo segundo el patronímico o nombre del padre, y lo tercero es el apellido

se desarrolla el mismo conflicto entre la Rusia democrática y el bloque de los países democráticos de la OTAN, que están amenazándola. *Las regularidades geopolíticas son más profundas que las contradicciones políticas e ideológicas, o sus similitudes.* El establecimiento de este principio de conflicto, no significa automáticamente la guerra o una estrategia de conflicto directo. El conflicto se puede entender por vías diferentes. Desde la posición del realismo en las relaciones internacionales, estamos hablando sobre el conflicto de intereses, que conduce a la guerra sólo cuando uno de los lados está suficientemente convencido de la debilidad del otro, o cuando a la cabeza de uno u otro Estado se encuentra una élite que antepone los intereses nacionales al cálculo racional. El conflicto puede desarrollarse pacíficamente, a través de un sistema estratégico general, y un equilibrio económico, tecnológico y diplomático. En algunas instancias, esto incluso puede amortiguar el nivel de rivalidad y competición, aunque la resolución por la fuerza no puede ser descartada deliberadamente bajo ninguna circunstancia. En tal situación, la pregunta de la *seguridad geopolítica* está en el centro de atención, sin la garantía de que otros factores —modernización, incremento del PIB o del nivel de vida— tengan significado independiente. Lo que está en el punto de nuestra mirada, es el desarrollo económico si perdemos nuestra independencia geopolítica... Esto no es «belicoso», sino que es un saludable análisis racional en un espíritu realista; esto es *realismo geopolítico.*

3. Desde un punto de vista geopolítico, Rusia es algo más que la Federación de Rusia en sus actuales fronteras administrativas. La civilización euroasiática, establecida en el Corazón de la Tierra con su núcleo en el pueblo ruso, es mucho más amplia que la Rusia contemporánea. En uno u otro grado, prácticamente todos los países de la CEI[20] pertenecen a este ámbito. Sobre

---

[20]NdT: CEI es el acrónimo de la organización internacional Comunidad de Estados Independientes.

la peculiaridad sociológica, se superpone un factor estratégico: Para garantizar la seguridad de su territorio, Rusia debe lograr el control militar sobre el centro de las zonas sujetas a ésta — en el sur, y en el oeste, y también en el área del océano del Ártico norte. Además, si consideramos a Rusia como un polo telurocrático planetario, entonces se hace evidente que sus intereses directos se extienden a lo largo de todo el territorio de La Tierra y abarca todos los continentes, mares y océanos. Por lo tanto, surge la necesidad de la elaboración para Rusia de una estrategia geopolítica global, describiendo concretamente cuáles de esos intereses radican en cada país y en cada región.

# 2

# La geopolítica de la URSS

## El transfondo político de la revolución de 1917

E<small>L FIN DE LA DINASTÍA ZARISTA</small> aún no significó el fin de la primera guerra mundial para Rusia. Y aunque una de las razones para el derrocamiento de los Romanov fueron las dificultades de la guerra y el esfuerzo en recursos humanos, en la economía y en el conjunto de la infraestructura de la sociedad de Rusia; tras la abdicación de Nicolás II del trono, las fuerzas que ascendieron al poder (el Gobierno Interino, compuesto principalmente a base de miembros de la francmasonería de la Duma[21] y los partidos burgueses)

---

[21]Sin embargo, la logia más popular de las Gentes del Gran Este de Rusia en 1912-1916 fue sin duda la logia de «la Rosa», cuyos diputados francmasones se unieron en 1912 a la Cuarta Duma Estatal. Fue abierta el 15 de noviembre de 1912. Es en principio diferente de la Tercera Duma que consistió en la disminución explícita del centro (el número de los octobristas en la Duma se redujo agudamente: de 120 pasaron a 98, mientras el número de derechistas pasó se incrementó de 148 a 185, y los izquierdistas, cadetes y progresistas aumentaron también de 98 a 107).

La demarcación política de las fuerzas en la Duma se intensificó, y con ello se colapsaron las esperanzas del gobierno para la creación de una mayoría pro-gubernamental en la Duma. Año a año, la Cuarta Duma Estatal se oponía

15

continuaron la participación de Rusia en la guerra, en el lado de la Entente.

Este punto es decisivo desde la perspectiva geopolítica. Tanto Nicolás II como los partidarios de una forma de gobierno republicana democrática-burguesa, estaban orientados hacia Inglaterra y Francia; es decir, ellos se esforzaron en situar a Rusia en el campo de los Estados talasocráticos. Entre el modelo monárquico y el modelo democrático-burgués, desde un punto de vista de las políticas nacionales, había contradicciones inamovibles, y la intensificación de esas

---

más y más al liderazgo, y aún más, las críticas no sólo se oían en la izquierda, sino también en la derecha.

El Octobrista M.V. Rodzyanko se convirtió en el presidente de la cuarta Duma Estatal. Había al menos 23 francmasones en la Duma Estatal: V. A. Vinográdov, N. K. Vólkov, I. P. Demidov, A. M. Koliubakin, N. V. Nekrásov, A. A. Orlov-Davidov, V. A. Stepanov, F. F. Kokoshin, K. K. Chernosvitov, A. I. Shingariov, F. A. Golovín, D. N. Grigórovich-Barski, N. P. Vasilenko, F. R. Steinheil, A. N. Bukeijanov, A. A. Svechin, E. P. Gueguechkori, M. I. Skobelev, N. C. Chjeidze, A. I. Chjenkeli, I. N Efremov, A. I. Konovalov, A. F. Kerensky. Todos ellos, formaban parte de la logia de «la Rosa». El progresista I. N. Efremov la dirigía.

La condición decisiva para la admisión en esta logia de la Duma no era la afiliación del diputado a un partido, como es habitual en las facciones de la Duma, sino precisamente su afiliación a una de las logias masónicas.

«En la cuarta Duma Estatal», testificó el reconocido francmasón L. A. Velijov, «Yo entré en la llamada asociación Masónica, entré en la que los representantes de los progresistas de izquierda (Efremov), los cadetes izquierdistas (Nekrasov, Volkov, Stepanov), los troduvik (Kerensky), los social-demócratas (Chjeidze, Skobelev) y que en conjunto ayudaban al bloque de los partidos de la oposición en la Duma para derrocar la autocracia». Desde los cadetes, los anteriormente mencionados, Velijov, Volkov Nekrasov y Stepanov, habían entrado también V. A. Vinográdov, I. P. Demidov, A. M. Koliubakin, A. A. Orlov-Davidov and V. A. Stepanov. Por los mencheviques, E. P. Gueguechkori, M. I. Skobelev, N. C. Chjeidze, A. I. Chjenkeli; por los progresistas, I. N. Efremov and A. I. Konovalov; desde los trudoviks, A. F. Kerensky.

Serkov A. I. «*The History of Russian Freemasonry 1845-1945*». SPB., 1997.

contradicciones, condujeron al derrocamiento de la dinastía junto con el sistema monárquico. Pero en la orientación geopolítica de Nicolás II y el liderazgo interino había, por el contrario, continuidad y sucesión — una orientación a la civilización del Mar creaba una afinidad entre ellos. En el caso del Zar, fue una elección pragmática; en el caso de los «Febreristas», tanto en cuanto Inglaterra y Francia habían establecido regímenes políticos burgueses largo tiempo atrás.

El 25 de febrero de 1917, por Decreto Real, la actividad de la Cuarta Duma Estatal fue suspendida. En la tarde del 27 de febrero, se creó un Comité Provisional de la Duma Estatal, y fue nombrado presidente M.V. Rodzyanko (un Octobrista, presidente de la Cuarta Duma). El Comité asumió para sí, las funciones y la autoridad del poder supremo. El 2 de marzo de 1917, el Emperador Nicolás II abdicó, y transfirió el derecho de herencia al Gran Principe Mijaíl Aleksándrovich, que en su momento, declaró el 3 de marzo, una ley para intentar adoptar la autoridad suprema sólo después de que la voluntad del pueblo, en la asamblea constituyente, se expresase en relación con la forma final del gobierno en el país.

El 2 de marzo de 1917 el Comité Provisional de la Duma Estatal formó el primer ministerio público. El nuevo liderazgo anunció elecciones para asamblea constituyente, fue promulgada una ley democrática sobre las elecciones; sufragio universal, igual, directo y secreto. Los viejos órganos de gobierno fueron abolidos. A la cabeza del Comité Provisional surgió el Presidente del Consejo[22] de Ministros y Ministro de Asuntos Interiores, el príncipe G. E. Lvov (miembro formal de la Primera Duma del Estado, presidente del principal Comité de Unión de toda Rusia). Al mismo tiempo, el Consejo, contaba entre sus tareas con aquella de controlar las acciones del gobierno interino, que continuó funcionando. Como consecuencia de esto, se estableció un poder dual en Rusia. Los consejos de trabajadores y soldados estaban controlados por partidos de izquierdas, que hasta entonces habían permanecido fuera de la Duma Estatal du-

---

[22]NdT: La palabra rusa *Soviet* (совет), significa Consejo en castellano, Council en inglés. De modo que las siguientes referencias a los diferentes Consejos, provienen de esa palabra rusa.

rante mucho tiempo: socialistas revolucionarios y social-demócratas (mencheviques y bolcheviques). En política exterior, los bolcheviques, encabezados por V. I. Lenin y L. D. Trotsky, siguieron sucesivamente una orientación pro-alemana. Esta orientación pro-alemana estaba basada en unos pocos factores externos: En la cercana cooperación de los bolcheviques con los social-demócratas marxistas alemanes y en acuerdos secretos con la inteligencia del Káiser relacionada con ayuda técnica y material, dada a los bolcheviques. Además, los bolcheviques se apoyaron en la desaprobación de la guerra por la mayor parte de las masas populares y basaron su propaganda en esto, formulándola bajo el espíritu de la ideología revolucionaria: La solidaridad entre las clases trabajadoras de varios países y el carácter imperial de las guerras, oponiendo los intereses de las masas populares. Por tanto, el poder dual entre el Gobierno Interino y los Consejos (los cuales, desde el primer momento, se encontraban bajo el control de los bolcheviques) en el intervalo de marzo y octubre de 1917 reflejaron dos vertientes geopolíticas, la pro-inglesa y pro-francesa en el caso del Gobierno Interino, y la pro-alemana en el caso de los bolcheviques. Esta dualidad revela su importancia y su carácter en estos eventos históricos que están directamente conectados con la época de la revolución y la guerra civil.

El 18 de abril de 1917 estalló la primera crisis de gobierno, terminando el 5 de mayo de 1917 mediante la formación del primer gobierno de coalición, con la participación de los socialistas. La causa de ésta fue el comunicado de P. N. Miliukov del 18 de abril a Inglaterra y Francia, en el cual Miliukov anunció que el Gobierno Interino continuaría la guerra hasta el triunfante final e implementaría todos los acuerdos del gobierno Zarista. Aquí estamos tratando con una elección geopolítica que condujo a los procesos nacionales. La decisión del Gobierno Interino provocó la indignación popular, que desembocó en reuniones masivas y manifestaciones, con la demanda del rápido fin de la guerra y las dimisiones de P. N. Miliukov y A. I. Guchkov y la transferencia de poder a los Consejos. Tras la organización de esos disturbios estaban los bolcheviques y los socialistas revolucionarios. P.N. Miliukov y A.I. Guchkov abandonaron el gobierno. El 5 de mayo fue alcanzado un acuerdo entre el Gobierno Interino y el Comité Ejecutivo del Consejo de Petrogrado para la creación de una coalición. Sin embargo los partidos de extrema izquierda no estaban unificados en relación a una acción geopolítica. Los bolcheviques sostenían, lógicamente, una línea pro-alemana y anti-bélica. Una parte de los mencheviques y revolucionarios socialistas de izquierdas (cuyos líderes a menudo también pertenecían a organizaciones masónicas, donde dominaba la orientación pro-francesa y pro-inglesa) estaban inclinados a apoyar al Gobierno Interino, en el cual los socialistas revolucionarios recibieron entonces algunos cargos.

En el Primer Congreso de los Consejos de Trabajadores y Soldados de toda Rusia del 3 al 24 de junio, el cual fue hegemonizado por los socialistas revolucionarios y los mencheviques, apoyaron al Gobierno Interino y rechazaron la demanda de los bolcheviques para finalizar la guerra y transferir el poder a los Consejos. Inmediatamente empezó el rápido colapso de Rusia. El 3 de junio, una delegación del Gobierno Interino, encabezada por los ministros Tereshchenko y Tsereteli, reconoció la autonomía de la Rada Central Ucraniana[23]. Al mismo tiempo una delegación sin acuerdo con el Gobierno, delimitó los límites geográficos de la autoridad de la RCA, incluyendo en ella algunas provincias del sur-oeste de Rusia. Esto provocó la crisis de julio. Bien entrada la crisis de julio, la Seim[24] finlandesa proclamó la independencia de Finlandia respecto de Rusia en sus asuntos internos y limitó la competencia del Gobierno Interino a cuestiones de guerra y política exterior. Como resultado de la crisis, un segundo gobierno de coalición fue formado con el socialista revolucionario A. F. Kerensky al cargo, en el cual, los revolucionarios socialistas y los mencheviques recibieron siete cargos en total.

El revolucionario socialista Kerensky, que también estaba en el grupo de los «Trudovik» (socialistas populares), fue una figura prominente de la francmasonería rusa en la Duma, un miembro de la logia del «pequeño oso» y secretario de la congregación masónica secreta «el Consejo Supremo del Gran Oriente del Pueblo de Rusia».

---

[23]NdT: La Rada Central es el nombre para el parlamento ucraniano.
[24]NdT: Seim es el nombre finlandés de la Asamblea Popular.

Kerensky mantuvo una orientación pro-inglesa y era muy cercano a la francmasonería inglesa. Con el objetivo de oponerse al Consejo de Petrogrado, Kerensky formó el 1 de septiembre de 1917 un nuevo órgano de poder, el Directorio (Consejo de los Cinco), que proclamó a Rusia como una República y disolvió la Cuarta Duma Estatal. El 14 de septiembre de 1917 se abrió la conferencia democrática de toda Rusia, la cual tenía que decidir la cuestión de la autoridad en el poder, con la participación de todos los partidos políticos. Los bolcheviques la abandonaron de forma brusca. El 25 de septiembre de 1917 Kerensky forma el tercer gobierno de coalición. En la noche del 26 de octubre de 1917, en nombre de los Consejos, los bolcheviques, anarquistas y revolucionarios socialistas de izquierda, derrocaron el Gobierno Interino y arrestaron a sus miembros. A. F. Kerensky huyó. Se considera que lo hizo por medio de diplomáticos ingleses, en particular Bruce Lockhart, y es enviado a Inglaterra, donde tras su llegada, participó activamente en las actividades de las logias masónicas inglesas. La revolución bolchevique de octubre, que diversas escuelas históricas y los representantes de distintas cosmovisiones evalúan hoy de manera diferente, poseía, desde un punto de vista geopolítico, la peculiaridad de que ésta significó un cambio brusco en la orientación de la política exterior, de la talasocracia a la telurocracia. Tanto Nicolás II como los republicanos masones de la Duma desde el Gobierno Interino, mantuvieron una posición Anglo-Francesa y fueron fieles a la Entente. Los bolcheviques estaban inequívocamente orientados hacia la paz con Alemania y la salida de la Entente.

El 3 de marzo de 1918 en Brest-Litovsk fue firmado un acuerdo de paz por separado entre los bolcheviques y los representantes de los Estados Centrales (Alemania, Austria-Hungría, Turquía y Bulgaria), significando la salida de Rusia de la primera guerra mundial. Según las condiciones del acuerdo, del oeste de Rusia serían desgajadas las provincias Privislinsky, Ucrania, provincias con una población predominantemente Bielorrusa, la provincia de Estonia, la provincia de Curlandia, la provincia de Livonia, el Gran Principado de Finlandia, el distrito de Kars y el distrito de Batumsk en el Cáucaso. Los líderes del Consejo prometieron parar la guerra contra el Consejo Central Ucraniano (Rada) de la República del Pueblo Ucraniano, desmovilizar el ejército y la flota, y sacar la flota del báltico de las bases en Finlandia y los Estados Bálticos, transferir la flota del mar negro con toda su infraestructura a los Estados Centrales, y pagar seis millones de marcos por reparaciones. Un territorio de 780.000 kilómetros cuadrados con una población de 56 millones (una tercera parte de la población del Imperio Ruso) fue tomado de la Rusia Soviética. Simultáneamente, Rusia condujo todas sus tropas fuera de las áreas designadas, mientras Alemania, por otra parte, desplazó sus tropas y ganó el control sobre el archipiélago Monzundski y el golfo de Riga.

Tal fue el enorme precio que la Rusia Soviética pagó por su orientación pro-alemana (en parte esperando la rápida realización en Alemania y otros países europeos de la revolución proletaria).

El tratado de Brest-Litovsk provocó inmediatamente el rechazo de los revolucionarios socialistas de izquierda, aparte de que sus preferencias estuvesen orientadas en uno u otro sentido, hacia Francia o Inglaterra desde tiempos antiguos. Como signo de protesta contra las condiciones del armisticio, los revolucionarios socialistas de izquierda, abandonaron el Consejo de Comisarios del Pueblo; y en el Cuarto Congreso de los Consejos, ellos votaron contra el tratado de Brest-Litovsk. El revolucionario socialista S. D. Mstislavskii promovió el lema: «No a la guerra, entonces al levantamiento», llamando a las masas a un «levantamiento» contra las fuerzas de ocupación germano-austriacas. El 5 de julio, en el Quinto Congreso de los Consejos, los revolucionarios socialistas de izquierda fueron una vez más contra las políticas bolcheviques, condenando el tratado de Brest-Litovsk. El día después de la apertura del Congreso, el 6 de julio, dos revolucionarios socialistas de izquierda, funcionarios del Comité Extraordinario de toda Rusia (CER) Yakov Blumkin y Nikolái Andreev, ejecutando el mandato de la CER, entraron en la embajada alemana de Moscú, donde Andreev mató a tiros al embajador alemán, Mirbach. La tarea de los revolucionarios socialistas era destrozar los acuerdos con Alemania. El 30 de julio el revolucionario socialista de izquierda B. M. Donskoi liquidó en Kiev al general al mando de las fuerzas de ocupación, Eichhorn. La líder de los revolucionarios socialistas de izquierda, María Spiridonova, es enviada al Quinto Congreso de los Consejos, donde anuncia que «el pueblo ruso está libre de Mirbach», lo cual implica que la línea pro-alemana en la Rusia Soviética está acabada. En respuesta a esto, los bolcheviques movilizan sus fuerzas para la represión del levantamiento de los revolucionarios socialistas de izquierda, arrestando y matando a sus líderes. Aquí aparece nuevamente una distinción en las orientaciones geopolíticas: Esta es la oportunidad de las fuerzas izquierdistas radicales que habían tomado el poder en la Rusia Soviética. Los revolucionarios radicales de izquierda se esfuerzan por destruir la línea pro-alemana de los bolcheviques pero, al final, pierden y desaparecen como fuerza política.

Si reunimos todos esos elementos geopolíticos en un plano, entonces conseguimos el siguiente esquema: Nicolás II, los partidos burgueses y parcialmente los revolucionarios socialistas de izquierda (los francmasones de la Duma) mantienen una afinidad hacia la Entente, consecuentemente hacia la Talasocracia; los bolcheviques, por su parte, persiguen una política de unión con Alemania, otros Estados de Europa central y también con Turquía; es decir, ellos aparecen posicionados con la Telurocracia. Este diseño geopolítico proporciona una oportunidad para ver de una forma absolutamente nueva los dramáticos sucesos de la historia rusa entre 1917-1918 y predetermina las subsiguientes etapas del periodo soviético.

# La geopolítica de la Guerra Civil

La Guerra Civil se extendió por Rusia durante el periodo de 1917 a 1923. Debemos considerar sus aspectos geopolíticos. Aunque la Guerra Civil fue por definición un conflicto interno, en el que participaron los ciudadanos de uno y otro gobierno, el factor geopolítico resulta concordante con los poderes externos que jugaron un papel preponderante en ésta. Aquello que sabemos sobre el diseño geopolítico de los poderes en los últimos años del régimen Zarista, tras febrero y octubre de 1917, ya nos permite dar una caracterización preliminar del proceso de la Guerra Civil.

En la Guerra Civil, fundamentalmente dos partidos políticos, lucharon entre sí: los rojos (bolcheviques) y los blancos. Para los bolcheviques, su identidad ideológica, política y geopolítica está bastante clara. Ellos profesan el marxismo y la dictadura del proletariado, van contra la el orden burgués de las cosas, y en geopolítica están orientados hacia Alemania y opuestos rígidamente a la Entente. En esta posición vemos inmediatamente algunos rasgos telurocráticos.

- Orientación hacia Alemania (tratado de Brest-Litovsk).

- Rechazo del orden burgués (capitalismo, que como vimos, está sociológicamente asociado con la talasocracia).

- Hostilidad en relación con la Entente talasocrática.

También podemos decir que los bolcheviques cultivan un estilo «Espartano»: ascetismo, heroísmo y devoción a una idea.

El movimiento blanco no es tan uniforme, ni ideológica ni políticamente. Tanto los continuadores de «febrero» (la abrumadora mayoría) como los partidarios del regreso del sistema monárquico (monárquicos) participan en la guerra. Además, entre los partidarios de la revolución de febrero están los representantes de varios partidos, tanto de derecha y partidos burgueses (cadetes, octobristas), como de izquierda (socialistas revolucionarios, socialistas del pueblo, etc.). Ideológicamente, el movimiento blanco representa un amplio espectro de fuerzas, cuyas ideas políticas eran bastante diversas. Sólo una cosa les unía a todos: El rechazo del bolchevismo y marxismo. Los rojos sirven de «enemigo común». Pero, como los bolcheviques en esta situación histórica representan la telurocracia, es totalmente lógico que sus adversarios, «los blancos», estén orientados directamente de una manera opuesta, es decir, talasocráticamente. Esto ocurre así en la práctica, también, en la medida que el movimiento blanco en su conjunto (los partidos burgueses, de izquierda y los monárquicos) apuesta por la Entente, por el apoyo de Inglaterra y Francia en la lucha contra los bolcheviques. Esto entra en la lógica de

la política exterior del Gobierno Interino y también en las políticas
de los monárquicos, manteniendo fidelidad a la lógica de la última
etapa del reinado zarista.

Sólo algunos pequeños segmentos del movimiento blanco (en
particular el Atamán[25] Cosaco Krasnov y el «Ejército del Norte»,
que había sido creado por los Alemanes en octubre de 1918 en Pskov
con voluntarios rusos) mantuvieron una orientación germana, pero
esto fue un fenómeno totalmente marginal.

Además, si miramos un mapa de la localización de los principales
territorios controlados por los rojos y los blancos en el transcurso de
la Guerra Civil, nos daremos cuenta de la siguiente pauta: los rojos
controlan las zonas interiores, el espacio del Corazón de la Tierra,
mientras que los ejércitos blancos están dispuestos a lo largo de la
periferia de Rusia, en varios puntos sobre las zonas costeras, desde
donde llega de los Estados del Mar, la ayuda política, económica y
militar-estratégica en apoyo de la causa blanca. Aquí también, los
blancos reproducen la lógica de la talasocracia, la cual considera
procesos políticos y estratégicos desde el ámbito de las zonas costeras.
Los rojos están en la posición de un poder geopolítico terrestre.

En la época de la Guerra Civil encontramos un fenómeno muy
simbólico e importante para la geopolítica. En 1919, el padre fundador de la geopolítica, Halford Mackinder, fue designado Alto
Comisionado británico en el sur de Rusia y fue enviado a través de
Europa oriental para apoyar a las fuerzas anti-bolcheviques enca-
bezadas por el General Denikin. Esta misión permitió a Mackinder
ofrecer sus recomendaciones sobre geopolítica en Europa oriental,
que están en el fundamento de su libro «Ideales democráticos y
realidad»[26], al gobierno británico. Mackinder instó a Gran Bretaña
para fortalecer su apoyo a los ejércitos blancos en el sur de Rusia
e involucrar para este propósito, a los regímenes anti-bolcheviques
y anti-rusos de Polonia, Bulgaria y Rumanía. En sus negociaciones
con Denikin, Mackinder obtuvo un acuerdo del General para la
separación de Rusia de las regiones del sur y del oeste, y también

---

[25]NdT: Atamán es la denominación de máximo líder militar entre los cosacos.
[26]Mackinder H.J. «Democratic Ideals and Reality». N.Y. 1942.

en el Cáucaso sur, para crear allí un Estado Cuña pro-británico.

El análisis de Mackinder sobre el estado de los asuntos en Rusia durante el periodo de la guerra civil fue absolutamente inequívoco: Vio en los Bolcheviques las fuerzas del Corazón de la Tierra, que estaban destinadas, o bien a adquirir una forma ideológica comunista o bien a ceder la iniciativa a Alemania. En ambos casos, Inglaterra no podría permitir que esto ocurriese. Para ello, Mackinder ofreció apoyo a los blancos, desde todas las perspectivas, para desmembrar Rusia. Es importante, que los países que él intentó establecer en el espacio de un gobierno nominalmente integral en este periodo: Bielorrusia, Ucrania y Rusia-del-Sur [Yugorossia] (bajo la principal influencia de una Polonia pro-británica), Daguestán (incluyendo todo el Cáucaso norte), Armenia, Azerbaiyán, y Georgia. Esos países fueron llamados para servir como un «cordón sanitario» entre la Rusia continental y las regiones vecinas; Alemania al oeste y Turquía e Irán al sur. El libro «Ideales democráticos y realidad»[27], y también la nota[28], escrita por Mackinder a su amigo, Lord Curzon, contiene las ideas básicas de geopolítica, que Mackinder no sólo creó y desarrolló teóricamente, sino en las que también participó en la práctica.

La situación del frente sur en 1920 y los debilitados ejércitos de Denikin tuvieron como consecuencia que el plan de Mackinder, que había expresado en la reunión del Gobierno británico el 29 de enero de 1920, no fuese adoptado, e Inglaterra rechazó proporcionar a los ejércitos blancos un apoyo a gran escala[29]. Pero el análisis de Mackinder de la situación general, que en aquel momento estaba lejos de ser evidente, con el tiempo fue confirmado ampliamente. La mayoría de los políticos ingleses estaban convencidos de que el régimen Bolchevique no duraría mucho. Mackinder, por otra parte, basándose en el método geopolítico, claramente previó que tarde o temprano la Rusia Soviética se transformaría en un poderoso Estado continental telurocrático. Y así fue como posteriormente sucedió.

---

[27]Ibid.

[28]Blouet B.W. «*Sir Halford Mackinder as British High Commissioner to South Russia 1919-1920*». Geopolitical Journal, 142 (1976). Pp. 228-236.

[29]Ibid.

La participación en el movimiento blanco de una figura como Mackinder, el gran fundador de la geopolítica, y figura puntera de la estrategia talasocrática, definitivamente confirma la conclusión de la función talasocrática en el conjunto de los asuntos de los blancos.

No menos importante es el destino de otra figura más, Aleksei Efimovich Vandam (Edrijin), un destacado analista de relaciones internacionales, un estratega que puede ser claramente encuadrado entre los precursores de la geopolítica continental euroasiática rusa. En el tiempo de la Guerra Civil, Edrijin se encuentra en Estonia, que está ocupada por los alemanes, y el Mando Alemán le encarga formar un «Ejército Norteño», compuesto de fuerzas anti-bolcheviques leales a los alemanes. Vandam es famoso por su rígida posición anti-Inglesa y telurocrática (participó en acciones militares en Suráfrica contra los Ingleses en el bando de los Boers), y precisamente este factor se convirtió en decisivo para los Alemanes. El «Ejército Norteño» no se desarrolló debido a la derrota de Alemania en la Primera Guerra Mundial, y la misión de Vandam no continuó. Pero el hecho más importante de tal proyecto, con la participación de un eminente geopolítico ruso, es extremadamente simbólico.

En la Guerra Civil, entre actores de importancia secundaria, nos encontramos aún a otro actor cuyo destino tiene un significado importante para el establecimiento de la geopolítica: Peter Nikolaevich Savitskii. En 1919 Savitskii se unió al movimiento de voluntarios del Sur de Rusia («los Denikins») y fue un «camarada» del ministro de relaciones exteriores en el gobierno de Denikin y Wrangel. En el punto culminante de la Guerra Civil, en 1919, Savitskii escribe un texto geopolítico, asombroso en su sagacidad, «El Contorno de las Relaciones Internacionales»[30], donde anuncia lo siguiente: «Uno puede decir con una certeza completa, que si el gobierno Soviético hubiese dominado a Kolchak y a Denikin, entonces habría «reunificado» todo el espacio del antiguo Imperio Ruso y, muy probablemente, hubiese conseguido traspasar sus antiguas fronteras en sus conquis-

---

[30]Savitskii P.N. «*Outlines of International Relations*». / Savitskii P.N. «*The Continent Eurasia*». M: Agraf 1997. pp.382-398.

tas»[31]. El artículo fue impreso en la publicación de los blancos y en la persona de uno de los teóricos de sus políticas internacionales. Savitskii muestra inequívocamente que tanto los blancos como los rojos tenían los mismos objetivos geopolíticos: el establecimiento de un poderoso Estado continental, independiente del oeste, para lo cual unos y otros estarían obligados a implementar una política esencialmente idéntica. Más tarde Savitskii se convirtió en la figura principal del movimiento Eurasianista, confiriendo a estas intuiciones iniciales la invariabilidad de la estrategia geopolítica de Estados terrestres, en un fundamento teórico desarrollado, y convirtiéndose en el núcleo de la primera escuela geopolítica rusa completa.

En la Guerra Civil, se distinguen tres etapas: La primera va desde 1917 hasta noviembre de 1918, cuando se formaron los bandos militares fundamentales. Esto se desarrolló contra el trasfondo de la continuidad de la primera guerra mundial. La segunda etapa transcurre desde noviembre de 1918 hasta marzo de 1920, cuando tuvieron lugar las principales batallas entre el Ejército Rojo y los Ejércitos Blancos. En marzo de 1920, se estableció un cambio radical en la guerra civil. En este periodo, se marca una brusca disminución de las acciones militares por el lado de las tropas de la Entente, en conexión con el fin de la primera guerra mundial y la retirada del principal contingente de tropas extranjeras del territorio de Rusia. Tras esto, participaron principalmente rusos en las operaciones de combate. Las operaciones de combate en este tiempo se extendían a lo largo de toda Rusia. En un primer momento, el avance de los blancos fue exitoso, pero tras éste la iniciativa pasó a los rojos, que habían tomado bajo su control la mayoría del territorio del país.

Desde marzo de 1920 hasta octubre de 1922, se desarrolló la tercera etapa, cuando tuvo lugar la lucha principal en los extremos del país y nunca más representó una amenaza inmediata para la autoridad de los bolcheviques. Tras la evacuación, en octubre de 1922, de las tropas del General Diterijs en el lejano este[32], la lucha

---

[31]Ibíd. P. 390.

[32]NdT: El término ruso de estas tropas es *Zemskaia Rat'* (Земская рать). Éstas fueron las fuerzas militares del gobierno provisional de Priamur durante

fue continuada sólo por la fuerza armada de voluntarios siberianos del Teniente-General A.N. Pepelyaev, que había luchado en la región de Yakutsk hasta junio de 1923, y el escuadrón cosaco del ejército del Sargento Bologov, que había permanecido bajo Nikolsk-Ussuriisk. En Kamchatka y Chukshi la autoridad soviética fue establecida finalmente en 1923. Es significativo que todas las acciones militares tuvieron lugar conforme al esquema del centro rojo (Corazón de la Tierra) contra la «periferia blanca» unida a las fronteras del mar, y que los remanentes de las tropas blancas derrotadas, abandonasen Rusia por mar.

El resultado de la Guerra Civil fue la toma de poder por los bolcheviques, sobre la mayor parte del antiguo territorio del Imperio Ruso, el reconocimiento de la independencia de Polonia, Lituania, Letonia, Estonia y Finlandia, así como el establecimiento de repúblicas soviéticas en los territorios controlados de Rusia, Ucrania, Bielorrusia, y Transcaucasia[33], tras la firma del acuerdo para la creación de la URSS el 30 de diciembre de 1922. Considerando a Ucrania, Bielorrusia y el Cáucaso sur, la predicción de Savitskii se hizo realidad por completo: Los bolcheviques no dieron la independencia a esos territorios, sino que los incluyeron en la composición del Estado Soviético.

Es revelador que los rojos confiaban, en su política caucásica, en la Turquía de Kemal Ataturk, realizando en este preciso asunto una geopolítica continental. El eminente militar y diplomático, que se pasó al lado de los Bolcheviques, el general S. I. Aralov[34], fundador del DCI[35], jugó un papel importante en esta aproximación hacia Turquía y en la reorganización del equilibrio estratégico del poder en el Cáucaso.

---

la Guerra Civil Rusa, que duró de 1921 a 1922, y se asentó en el lejano este de Rusia, el cual se encuentra en el área de Vladivostok.

[33]NdT: Transcaucasia comprende el área sur del Cáucaso, que tiempo después, sería dividida en Georgia, Armenia y Azerbaiyán.

[34]Aralov S.I. «Memoirs of a Soviet Diplomat 1922-1923». M. , 1960.

[35]NdT: DCI es la abreviatura de «Departamento Central de Inteligencia».

# El equilibrio geopolítico de los poderes en el mundo de Versalles

El fin de la primera guerra mundial produjo el siguiente equilibrio de poderes: Rusia perdió ante Alemania y Austria-Hungría, y esta pérdida fue fijada por las condiciones del tratado de Brest-Litovsk. Los costes de este tratado fueron importantes, pero como los bolcheviques tenían una orientación pro-Alemana, Rusia no pudo aprovechar el hecho de que Alemania, en su momento, perdió ante Francia e Inglaterra. Como resultado de ello, el 28 de junio de 1919, en el palacio de Versalles, un tratado de paz fue firmado por Estados Unidos, Gran Bretaña, Francia, Italia y Japón, por un lado, y Alemania en el otro, determinando el orden internacional para la década siguiente.

El tratado de Versalles fue humillante para Alemania, privándola, en lo esencial, del derecho a realizar una política independiente, de tener un ejército propio, de desarrollar su economía, y para restablecerla en el plano internacional. Además, se obligó a Alemania a que hiciera concesiones territoriales importantes y extremadamente dolorosas. La geopolítica del mundo de Versalles se enfocaba hacia los intereses de los Estados del Mar, ante todo del Imperio Británico. Esencialmente, Inglaterra fue reconocida casi *de iure*[36] como el único propietario apto del mundo oceánico. Esto fue un triunfo de la talasocracia. La Rusia bolchevique fue excluida completamente, y a la derrotada Alemania le pusieron unos grilletes onerosos. Es muy revelador que Halford Mackinder, quien, como ya dijimos, estaba estrechamente asociado al Ministro Inglés de Asuntos Exteriores, Lord Curzon, quién dispuso su ayuda para el diseño de la arquitectura del tratado de Versalles. La principal tarea respecto al bando derrotado, según Mackinder, fue la prevención de un nuevo resurgir tanto de la Rusia Bolchevique como de Alemania, y especialmente la exclusión de sus futuras alianzas estratégicas. Para esto, se planeó la construcción de un «cordón sanitario» a partir de gobiernos

---

[36]NdT: «*De iure*», expresión latina que significa «de Derecho».

existentes o recientemente establecidos de Europa Oriental, afines a Inglaterra y Francia, que debían servir como un instrumento para controlar y limitar el potencial de las relaciones Ruso-Alemanas.

El mundo diseñado en Versalles fue la expresión de la victoriosa talasocracia, un grandioso éxito político y militar de la civilización del Mar. Debemos subrayar, en especial, que en la conferencia de Versalles, la delegación americana bajo el liderazgo del presidente Woodrow Wilson expresó por primera vez la nueva estrategia internacional de EEUU, que afirmaba que todo el mundo entraba a formar parte de la zona de intereses americanos y donde, esencialmente fue asegurada la idea de tomar la iniciativa de Inglaterra como el bastión del poder del Mar. Así, las ideas del Almirante Mahan están en el conjunto de la base del rumbo estratégico de EEUU, que seguirán a lo largo de todo el siglo XX y al cual permanecen leales hasta el día de hoy. La Doctrina Wilson llamaba al fin del aislacionismo americano y el no-intervencionismo en los asuntos de los Estados Europeos para reorientarse hacia una política activa a escala planetaria bajo la tutela de la civilización del mar. Desde este momento empieza la transferencia gradual del centro de gravedad de Inglaterra a EEUU.

Este punto puede ser considerado como el punto de inflexión en el devenir geopolítico de Norte América: De aquí en adelante los EEUU permanecerán firmes en el camino de una talasocracia consecuente y activa, percibiendo su estructura social (democracia burguesa, sociedad de mercado e ideología liberal) como un conjunto de valores globales, como la ideología y el fundamento de una hegemonía planetaria. En el periodo entre el tratado de Versalles y el principio de la segunda guerra mundial, el cambio del centro de Inglaterra a EEUU será el principio fundamental del proceso geopolítico, que sucede en el contexto de la civilización del Mar.

Precisamente en Versalles, en la base del grupo de expertos Americanos y grandes banqueros llegados desde EEUU, la fundación del «Consejo sobre Relaciones Exteriores» (CRE)[37] se forma bajo el liderazgo del geopolítico americano Isaiah Bowman, que está destinado

---

[37]NdT: *Council of Foreign Relations* (CFR), escrito originalmente en inglés.

a convertirse en la más importante autoridad en la formación de la política exterior americana a escala global y en clave talasocrática. El establecimiento sistemático de una escuela de geopolíticos americanos empieza precisamente con este momento crucial. Al mismo tiempo, Halford Mackinder, que estuvo presente en la delegación británica durante la conclusión del tratado de Versalles, también empieza a cooperar con el «Consejo sobre Relaciones Exteriores» (CRE). Más tarde Mackinder publicará su trabajo sobre política en la influyente revista, publicada por el CRE, «*Foreign Affairs*»[38]. Así es colocado el fundamento de un atlantismo geopolítico sistemático, en la base del cual subyace la unidad estratégica de dos grandes Estados Anglo-Sajones, Inglaterra y los EEUU. Y si los EEUU durante la etapa de Versalles juegan un papel subordinado, desde entonces cambiará gradualmente el equilibrio de poder en su favor, y precisamente los EEUU escalarán posiciones progresivamente hacia la vanguardia, tomando sobre si mismos la función de baluarte de toda la civilización marina, el núcleo del poder del Mar y el imperio talasocrático oceánico global.

Desde Versalles empieza también la historia de la geopolítica Alemana, relacionada con el nombre y la escuela de Karl Haushofer. Haushofer proporciona un análisis de los resultados del tratado de Versalles en el espíritu de la metodología de Mackinder, pero sólo desde la posición del lado alemán, que había sufrido la derrota. Así, llega a una descripción geopolítica de ese modelo que debería haber llevado teóricamente a Alemania hacia un futuro renacimiento y superación de las onerosas condiciones de Versalles. Para esto, Haushofer avanza la concepción de un «bloque continental»[39], representando la alianza de los Estados objetivamente terrestres, continentales, y telurocráticos: Alemania, Rusia y Japón. En este sentido se forja una estructura sistemática y desarrollada de geopolítica continental, representando una respuesta consecuente y a gran escala, frente a la estrategia de los Atlantistas y los geopolíticos de la escuela talasocrática.

---

[38]NdT: «Asuntos exteriores».

[39]Haushofer K. «*The Continental Bloc Berlin-Moscow-Tokyo*» / Duguin, A.G. «*The foundation of Geopolitics*». M.: Arctogaia-center 2000. pp. 825-836.

El trauma dejado por Versalles en la sociedad alemana más tarde será explotado exitosamente por los Nacional-Socialistas (al principio Haushofer colabora con ellos) y, al final, precisamente el plan de superar las restricciones de Versalles se convierte en uno de los factores más importantes de la cercana victoria en las elecciones al *Reichstag* (Parlamento) de 1933. Después del Tratado de Versalles, el movimiento euroasiático se formó en la base intrínseca y fundamental de la geopolítica rusa (euroasiática).

# La geopolítica y la sociología de los primeros años del periodo Stalinista

Desde 1922 Rusia adopta un nuevo nombre y se convierte en «La Unión de las Repúblicas Socialistas Soviéticas». Si al principio los bolcheviques acogen con neutralidad las demandas de los pueblos minoritarios del Imperio Ruso respecto a la creación de su propio Estado, en la década de 1920 prevaleció una tendencia centralista, que recibió el nombre de «la política nacional de Stalin». El rumbo fue tomado gradualmente para establecer el socialismo en un país, el cual demandaba el fortalecimiento del poder Soviético en el más amplio espacio. Por esta razón, los bolcheviques volvieron básicamente a la política Zarista de una orientación centrípeta y al reforzamiento de la unidad administrativa de Rusia. En este momento, esta política fue formulada a través de una construcción ideológica completamente nueva que estaba fundada en el internacionalismo proletario, la igualdad de todos los pueblos y la solidaridad de clase de todos los proletarios de todas las nacionalidades. Pero su esencia geopolítica permaneció como antes: Los bolcheviques reunieron las tierras del antiguo Imperio Ruso a lo largo del Corazón de la Tierra como un núcleo geopolítico. Desde un punto de vista sociológico, esta unificación procedió bajo lemas anti-burgueses y «espartanos», en la base de un nuevo sistema de valores. Este rumbo empezó a bifurcarse gradualmente desde el marxismo ortodoxo que especuló con la implementación de la revolución proletaria, primero, en países industrialmente desarrollados, y no en la Rusia agrícola (el mismo Marx excluyó categóricamente esta posibilidad), y segundo, de forma inmediata, o con un pequeño retraso, en serie conjunta de gobiernos, pero no sólo en un país. Lenin y Trotsky, los actores esenciales de la revolución de octubre y en la subsiguiente conservación de poder por los Bolcheviques, pensaron que la revolución podría y debía ser implementada en un país, en Rusia, lo que ya era una desviación segura del marxismo clásico; pero ellos interpretaron esto como una temporal e histórica peculiaridad, tras la que una serie de revoluciones proletarias en diferentes países debe seguir; en primer lugar, en Alemania y también en Inglaterra, Francia, y otros países. Así, se habla de un momento de transición, de la implementación de una revolución proletaria en un país como primer paso en una serie completa de revoluciones en otros países y el principio de un proceso planetario de revolución mundial y universal. Por ese motivo, los bolcheviques tomaron tan a la ligera las condiciones alemanas: Era importante para ellos asegurar su posición y tender hacia el principio de la revolución en los Estados Europeos, que ellos pensaron, que era un asunto cierto y próximo. Así, Trotsky realizó una activa agitación marxista, incluso asistiendo a Brest durante la conclusión del acuerdo de paz con los Alemanes.

El mismo Stalin, incluso en mayo de 1924, escribió en su folleto «En los fundamentos del Leninismo»: «Para derrocar el poder de la burguesía e instaurar aquel del proletariado en un país, no significa todavía que asegure la victoria total del socialismo. La principal tarea del socialismo, la organización de la producción socialista, todavía quedaba pendiente. ¿Cómo podemos resolver esta tarea, cómo podemos conseguir la victoria última del socialismo en un país sin los esfuerzos combinados del proletariado de algunos países avanzados? No, no es posible. Para la victoria última del socialismo, para la organización de la producción socialista, los esfuerzos de un país, especialmente de un país campesino como Rusia, no es suficiente por ahora; para ello los esfuerzos del proletariado de algunos países avanzados son necesarios»[40]. Trotsky también continuó razonando

---

[40]Stalin J.B. «*On the foundation of Leninism*» / Stalin J.B. Essays. Vol.6 M:

posteriormente en este sentido.

Pero todo cambió a finales de 1924, cuando se perciben las primeras contradicciones entre Trotsky y Stalin. Aquí Stalin niega por completo sus palabras, dichas muy recientemente, e insinúa una nueva y contradictoria tesis. En diciembre de 1924 en uno de sus primeros trabajos, dedicados a la crítica del «Trotskismo», «La revolución de octubre y las tácticas de los comunistas rusos»[41], Stalin afirma que, «el socialismo puede ser construido en un país». Desde este momento empieza a acusar de capitulación y derrotismo a quienes nieguen la posibilidad de construir el socialismo en la URSS, ante la ausencia de triunfantes revoluciones socialistas en otros países. La nueva actitud teórica y política sobre la construcción del socialismo en un país fue afianzada en el decimocuarto congreso del Partido Comunista de Rusia (de los bolcheviques) en abril de 1925. Después de este congreso, «la construcción del socialismo en un país» se convierte en un axioma de la política soviética.

Desde este momento, la esperanza de alcanzar la revolución proletaria en otros países decrece hasta ocupar un lugar de importancia secundaria, mientras que son llevadas a la vanguardia las tareas estratégicas referentes a garantizar a la URSS como un gran poder independiente, capaz y preciso para rechazar un ataque desde el entorno capitalista. Teniendo en consideración la específica situación de la geopolítica de la URSS en el espacio del Corazón de la Tierra y la peculiaridad sociológica del estilo «espartano» de la sociedad socialista, estamos tratando con una telurocracia plenamente formada. La Rusia soviética en el periodo de Stalin representa una nueva versión del gran imperio Turánico Euroasiático, el núcleo de la civilización terrestre.

Aquí podemos plantear la cuestión: ¿Cuál es el elemento responsable de la convergencia —en el periodo histórico soviético— con su éxito terrestre euroasiático, el contenido de la ideología comunista, o el hecho histórico de que la revolución proletaria aconteciese en el

---

OGIZ; State Publisher of Political Literature, 1948.

[41]Stalin J. B. «*The October Revolution and the Tactics of the Russian Communists*» / Stalin J. B. Essays, Vol. 6

territorio continental de Rusia? Aquí no hay una respuesta inequívoca. Trotsky, incluso en la URSS y todavía con gran presencia tras su emigración, insinuó la idea de que el Estado stalinista «hubiese traicionado al comunismo» para recrear una nueva etapa de un imperio y poder burocrático al estilo Zarista. De esta manera, Trotsky alejó el socialismo del éxito eurasianista y atribuyó las peculiaridades de la URSS (que él criticaba), precisamente a una vuelta hacia una estrategia nacional rusa. Un punto de vista diferente es característico de algunos marxistas contemporáneos (por ejemplo, Constance Preve[42]), que ve una conexión interna entre socialismo y continentalismo (la civilización de la Tierra) y de este modo considera precisamente la victoria del socialismo en la terrestre Rusia (y más tarde en otras sociedades tradicionales terrestres: China, Vietnam, Corea y otros) no como un accidente, sino como una regularidad.

En cualquier caso, la construcción de la URSS tras 1924 muestra cuán verdaderas y precisas fueron las predicciones, tanto de Mackinder como de Savitskii, quienes, desde dos puntos de vista consideraron el futuro geopolítico de los Bolcheviques: La URSS se convirtió en una poderosa expresión del Corazón de la Tierra, mientras su confrontación con el mundo capitalista fue la manifestación de lo más importante, quizás incluso de la fase culminante de la «gran guerra de continentes», la batalla entre el Behemoth terrestre y el Leviatán marino (en la terminología de Carl Schmitt). La política de construir el socialismo en un país y el crecimiento del patriotismo soviético, fueron esencialmente las siguientes etapas de la construcción imperial de la soberanía continental. Y no es accidental, que veamos en la década de 1930, cuando Stalin consolidó su autoridad, la clara expresión de tendencias monárquicas, que constituyó la peculiaridad de los rusos del este, de la ideología moscovita, y el eje de fuerza de la construcción de un imperio Ruso. Stalin se convierte en un «Zar Ruso» en funciones, comparable a Pedro el Grande o Iván el Terrible. En su nueva fase histórica, la URSS continúa y desarrolla en una —hasta ahora— incomparable escala, el proceso

---

[42]Preve, C. «*Filosofia e Geopolitica*». Parma: Edizioni all'insegna del Veltro, 2005.

geopolítico de una civilización terrestre, crean el Estado de la Gran Turania. La esencia del gran continente Euroasiático está oculta bajo formas socialistas.

El cambio de la capital de la Rusia Soviética por los bolcheviques el 12 de marzo de 1918, de San Petersburgo a Moscú es simbólico. Y aunque esta medida fue dictada por consideraciones de un carácter práctico y pragmático, al nivel de paralelismos históricos, esto significó un cambio sustancial hacia la Rusia oriental, en atención a los cánones de la geopolítica terrestre. La URSS fue una nueva versión del Zarato terrestre ruso, y Stalin fue el «Zar Rojo»). La concepción en la edad media de la Tercera Roma fue paradójicamente trasformada en la idea de Moscú como la capital de la Tercera Internacional. La Tercera Internacional, como una red de partidos comunistas y movimientos orientados hacia la Rusia Soviética, se convirtió por consiguiente, en un instrumento geopolítico para la propagación a lo largo de todo el mundo terrestre, de la influencia telurocrática rusa. Desde el punto de vista ideológico, la Tercera Internacional realizó la función de un instrumento geopolítico para expandir la zona geopolítica de influencia del Corazón de la Tierra. El mesianismo ortodoxo del siglo XVI estuvo fantásticamente reflejado en el mesianismo comunista bolchevique de la revolución global con su núcleo en Moscú, la capital de la Tercera Internacional.

# La geopolítica de la Gran Guerra Patriótica

Tras la llegada de los Nazis al poder en 1933, el siguiente equilibrio geopolítico de poderes, toma efecto en el mundo: Por un lado, tenemos la poderosa Unión Soviética (del gran continente Euroasiático), mandada por completo y de forma autocrática por Josef Stalin. Este es el Corazón de la Tierra, el núcleo de la fuerza continental global.

En el oeste, dos bloques de gobiernos se forman de nuevo, como al final de la primera guerra mundial.

1. La alianza talasocrática de Inglaterra, Francia y EEUU, así como los países del este de Europa que pertenecen al «cordón sanitario» y están bajo el control de la talasocracia (Polonia y Checoslovaquia).

2. El continente Europeo, los Estados telurocráticos, encabezados por la Alemania Nazi, la Italia Fascista y también por los países ocupados por ellos o por sus aliados.

En el este, tenemos a Japón, que está alineado con Alemania y subrayó su orientación telurocrática. China está en una condición sumamente debilitada y está en gran medida controlada por los ingleses.

En tal situación, podemos imaginar los siguientes escenarios de alianzas en la guerra que inexorablemente se aproximaba.

1. La realización del «bloque continental» a través del modelo de Haushofer. Propone una alianza de la URSS con la Alemania Nazi y con otros países del Eje y Japón. Hay antecedentes específicos de esta orientación germanófila en los bolcheviques (el comunista Karl Radek y los nacional-bolcheviques alemanes —en particular, E. Niekisch— insistieron en la unión de los nacionalistas de izquierda y la URSS en una armonización estratégica, anti-occidental, anti-francesa y anti-inglesa[43]), en el análisis geopolítico y en el hecho de que nominalmente eran regímenes «socialistas» y «anti-capitalistas». Pero el marxismo dogmático, el internacionalismo de Stalin y el racismo de Hitler (anti-comunista y judeo-fóbico) obstaculiza esta visión mundial. El pacto Molotov-Ribbentrop fue un paso en la dirección de tal alianza. Si admitimos que tal alianza podría haber tenido lugar, entonces, muy probablemente, el equilibrio de poderes habría sido suficiente para aplastar el poder planetario de la talaso-cracia y lanzar fuera de la historia a Inglaterra y EEUU por un largo tiempo. El objetivo geopolítico apremiaba precisamente a los jugadores de mayor peso continental a crear tal alianza.

---

[43] Argursky M.A. *«The ideology of National-Bolchevism»*. M: Algorithm, 2003.

Este objetivo geopolítico tenía su consciente y sistemático representante en Alemania (la escuela de K. Haushofer), pero no en Rusia. Debemos tener en cuenta que en Alemania, también los líderes del Nacional-Socialismo escucharon la opinión de Haushofer, aunque sólo parcialmente.

2. Una alianza de los países del Eje con los regímenes democrático-burgueses del Oeste contra la URSS. En este caso, tendríamos algo análogo al alineamiento de fuerzas en la Guerra de Crimea, cuando toda Europa se coaligó contra Rusia. El acuerdo de Múnich fue un paso en esta dirección, cuando Inglaterra en parte apoyó a Hitler, pensando que podría debilitar a la URSS con su ayuda. En este caso, habríamos estado tratando con una alianza talasocrática sobre la base de una hostilidad común entre los países talasocráticos y Alemania, contra el comunismo y Rusia-Eurasia. En este caso podríamos pronosticar que la URSS estaría en una posición desesperada, sin tener aliados extranjeros. En este caso, las condiciones iniciales de una campaña militar habrían sido no sólo, nada favorables para la URSS, sino muy probablemente fatales. Haushofer pensó también en esta posibilidad, y no podía descartarse que el extraño vuelo de Rudolf Hess —profesor de Haushofer— a Inglaterra tras el inicio de los enfrentamientos militares anglo-alemanes, fuera un intento desesperado para construir una alianza de Alemania con Inglaterra en el periodo previo al inevitable conflicto con la URSS.

3. Una alianza de los países democrático-burgueses y talasocráticos, con la URSS Euroasiática y continental contra el continentalismo Europeo de Alemania. Esto habría sido una repetición del alineamiento de las fuerzas en las vísperas de la primera guerra mundial y una segunda versión de la Entente. Hoy sabemos que precisamente este escenario fue, de hecho, llevado a término, en primer lugar, a causa de la aventura suicida de Hitler, una guerra en dos frentes contra el oeste y contra el este. En tal caso, en el análisis final, los ganadores serían los países

del oeste, puesto que un conflicto entre dos Estados continentales (como también fue el caso de la invasión de Napoleón) conllevó su mutuo debilitamiento.

Así, los representantes de los tres poderes geopolíticos y tres ideologías, chocaron unos contra otros en la segunda guerra mundial. El Corazón de la Tierra estaba representado por la Rusia soviética, Stalin y el socialismo (marxismo). El poder del Mar, por la coalición de Inglaterra, USA y Francia, unida bajo una ideología democrático-burguesa. El poder continental de Europa (Europa central) estaba representado por los países del Eje (El Tercer Reich, la Italia Fascista, y sus satélites) y por la ideología de la «Tercera Vía» (Nacional-Socialismo, Fascismo, tradicionalismo bushido japonés). Eran irreconciliables y no tenían puntos paradigmáticos en común, sin puntos ideológicos de intersección en absoluto, los polos —URSS y países capitalistas del Oeste, representando respectivamente la Tierra y el Mar— acabaron siendo una barricada contra Europa central y el Nacional-Socialismo. Tal alineamiento de fuerzas contradecía por completo el contexto y las regularidades de los objetivos geopolíticos. Consecuentemente, representó una poderosa alineación de factores subjetivos: Las tendencias aventureras y personales de Hitler, el efectivo trabajo de los agentes anti-alemanes en la URSS y de los agentes anti-soviéticos en Alemania.

La crónica de la Gran Guerra Patriótica, empezó el 22 de junio de 1941 y terminó el 9 de mayo de 1945, y es conocida por todos los rusos.

La primera etapa de la guerra (repitiendo la historia de la invasión napoleónica) fue una relativamente exitosa guerra relámpago por parte de las tropas alemanas, llevando las divisiones alemanas hasta Moscú en noviembre de 1941. Para el 1 de diciembre, las tropas alemanas ocupaban Lituania, Letonia, Bielorrusia, Moldavia, Estonia y una parte significativa de la República Socialista Federativa Soviética Rusa y Ucrania, un avance que profundizó entre 850 y 1200 km. Como resultado de la feroz resistencia, los ejércitos alemanes fueron frenados en todas las direcciones a finales de noviembre y principios de diciembre. El intento de tomar Moscú fracasó. En el transcurso de la campaña de invierno de 1941-1942, una contra-ofensiva fue llevada a cabo en Moscú. La amenaza a Moscú fue eliminada. Las tropas soviéticas echaron al enemigo en dirección oeste entre 80 y 250 km, completando la liberación de los oblast[44] de Moscú y Tula, y liberaron muchas regiones de los oblast de Kalinsky y Molensky. En el frente sur, las tropas soviéticas defendían la estratégicamente importante Crimea.

Un cambio cualitativo en la situación empezó a darse en otoño de 1942. El 19 de noviembre de 1942, empezó la contra-ofensiva soviética. Y desde principios de 1943 las tropas soviéticas estaban moviéndose resueltamente hacia el oeste. Los eventos decisivos de la campaña de verano-otoño de 1943 fueron la batalla de Kursk y la Batalla del Dniéper. El ejército rojo avanzó entre 500 y 1300 km.

Entre el 28 de noviembre y el 1 de diciembre de 1943 tuvo lugar la Conferencia de Teherán entre Stalin, Churchill y Roosevelt, donde la cuestión más importante fue la apertura de un segundo frente. Los aliados alcanzaron el acuerdo sobre la dirección fundamental del futuro orden mundial tras la probable derrota de Alemania y los países del Eje.

Se dice que en este mismo periodo Mackinder publica en la revista americana «Foreign Affairs» su último trabajo político sobre geopolítica, «La ronda mundial y el triunfo de la paz»[45], donde esboza a grandes rasgos, la estructura del alineamiento geopolítico de fuerzas que los países talasocráticos (USA, Inglaterra, Francia y otros) deben esforzarse en alcanzar tras la victoria sobre Alemania junto a aliados que resultaban problemáticos, geopolítica e ideológicamente, tales como la URSS y Stalin. Y de nuevo, Mackinder, ahora y ante nuevas circunstancias, hace un llamamiento para el bloqueo contra la URSS, y la contención de sus movimientos hacia el oeste, y la recreación de un «cordón sanitario» en Europa del este.

El ejército rojo empezó la campaña de invierno de 1943-1944, con un grandioso ataque en la orilla derecha de Ucrania (la ofensiva

---

[44]NdT: Oblast en ruso, viene a significar algo parecido a provincia en castellano.

[45]Mackinder H.J. «The Round World and the Winning of the Peace». Foreign Affairs. 1943. Nº21.

del Dniéper-Cárpatos), entre el 24 de diciembre de 1943 y el 17 de abril de 1944. Abril y mayo estuvieron marcados por la ofensiva sobre Crímea (8 de abril - 12 de mayo). En junio de 1944, los aliados abrieron un segundo fuerte que empeoró, en cierta medida, la posición militar de Alemania, pero no ejerció una influencia decisiva en el balance de poderes y en el curso de la guerra. En el verano-otoño de 1944, el ejército rojo llevó a cabo una serie de operaciones a gran escala, incluyendo las campañas de Bielorrusia, L'vosk-Sandomirsky, Yasso Kishinevsky, y el Báltico. Completaron la liberación de Bielorrusia, Ucrania y los Estados Bálticos (con la excepción de algunas regiones de Letonia) y en parte Checoslovaquia; liberaron el norte de Zapolarye y las áreas del norte de Noruega. Rumania y Bulgaria fueron forzadas a capitular y entrar en guerra contra Alemania. En el verano de 1944, las tropas soviéticas marcharon sobre el territorio de Polonia. Los siguientes avances activos por partes del ejército rojo empezaron sólo en enero de 1945 con la operación sobre Prusia oriental, la operación del Vístula-Oder, la operación Viena, la operación Königsberg y otras. En el curso del movimiento hacia el oeste, las tropas soviéticas establecieron su control sobre el enorme espacio de Europa oriental.

El 25 de abril de 1945, las tropas soviéticas se encontraron por primera vez con las tropas americanas, que habían avanzado desde el oeste hacia el río Elba. El 2 de mayo de 1945 la guarnición de Berlín capituló. Tras la captura de Berlín, las tropas soviéticas llevaron a cabo la operación de Praga, la última operación estratégica de la guerra.

A las 10:43 pm, hora de Europa central, del 8 de mayo de 1945 la guerra en Europa terminó con la capitulación incondicional de las fuerzas armadas alemanas. El 24 de junio, tuvo lugar un desfile militar de la Victoria en Moscú. En la conferencia de Potsdam, mantenida entre junio y agosto de 1945, se alcanzó un acuerdo entre los líderes de la URSS, Gran Bretaña y los EEUU, relativo a los acuerdos de post-guerra en Europa. En el curso de estos acuerdos, los países burgueses occidentales reconocieron el derecho de la URSS a mantener el control sobre Europa oriental y la posibilidad de colocar sobre estos territorios a gobiernos pro-soviéticos en el poder. Además, Prusia pasó a estar bajo control de la URSS, junto con su capital, Berlín (la República Democrática Alemana se estableció allí). Al mismo tiempo, el territorio de Berlín fue dividido en dos sectores; el oriental, que estaba bajo control de la URSS, y el occidental que estaba bajo control de las fuerzas aliadas y estaba unida a la Alemania occidental (RFA - República Federal Alemana).

Se crearon un serie de países europeos en la zona de alta prioridad de influencia: Polonia, Hungría, Rumania, Yugoslavia, Checoslovaquia, Bulgaria y la República Democrática Alemana, así como Albania (más tarde eligieron a China como punto de referencia). Tiempo después, en 1955, estos países (con la excepción de Yugoslavia, que tomó la independiente «tercera vía») también firmaron el pacto de Varsovia, que propuso la creación de un bloque militar, simétrico al bloque occidental de países capitalistas, OTAN. Este pacto, como una expresión militar y estratégica de un mundo bipolar, terminó el 1 de junio de 1991.

# La geopolítica de la Gran Guerra Patriótica

Los resultados geopolíticos de la Gran Guerra Patriótica son los siguientes. El poder continental Europeo, Alemania, sufrió una aplastante derrota, dejando la escena del mundo político para muchas décadas. La parte terrestre, continental, de la política Europea fue paralizada por largo tiempo. Al mismo tiempo, el Nacional-Socialismo y el Fascismo fueron, a un nivel ideológico, proscritos decisivamente, y los juicios de Núremberg promulgaron una sentencia no sólo sobre actores políticos de Alemania, responsables de crímenes contra la humanidad, sino en toda su ideología, que fue reconocida como criminal.

Y también, en el mundo según los resultados de la Conferencia de Potsdam, sólo permanecieron dos fuerzas geopolíticas e ideológicas: El capitalismo demócrata-burgués y liberal de Occidente (con su núcleo en EEUU), como el polo de la talasocracia global; y el Oriente soviético, socialista, comunista y anti-burgués, (con su núcleo en la URSS). Desde un mapa geopolítico e ideológico tripolar, nos movemos hasta un sistema bipolar de organización del espacio global.

Del 4 al 11 de febrero de 1945 fue celebrada la Conferencia de Yalta entre Stalin, Churchill y Roosevelt, donde fueron discutidos los principios de la política de post-guerra y la estructura bipolar del mundo fue formalmente fijada. Churchill y Roosevelt representaban el mundo anglo-sajón, el eje anglo-americano, que se convirtió en un centro unificado y estratégico, núcleo de la sociedad Atlántica y de la talasocracia. Stalin habló en solitario, en nombre de la URSS como un gran Imperio Euroasiático global. Este orden mundial bipolar recibió el nombre del mundo de Yalta.

Desde un punto de vista geopolítico, esto significó el establecimiento de un equilibrio planetario entre el oeste capitalista y talasocrático global y la igualmente global telurocracia oriental comunista, que se extiende más allá de los límites de la URSS. Al mismo tiempo, la tercera fuerza, como representación del centro continental Europeo y la ideología de «la Tercera Vía», desapareció para siempre (o al menos por un largo tiempo, que así continúa hasta el presente día).

# La geopolítica del mundo de Yalta y la Guerra Fría

Debemos hacer una pausa necesaria para el análisis geopolítico de las fronteras entre los dos mundos (Oeste y Este), que fue encajado en la base de la Conferencia de Yalta y los alineamientos de fuerzas de post-guerra. La estructura de fronteras tiene un tremendo impacto en el equilibrio general de poderes. El geopolítico belga y científico político Jean Thiriart[46] fue el primero que mencionó y analizó este hecho relativo a las fronteras del Pacto de Varsovia. Thiriart se dio

---

[46]Thiriart, J. «*Un Empire de quatre cents millons d'hommes, l'Europe*». Nantes: Avatar editions, 2007.

cuenta que la estructura de fronteras entre los bloques Occidental y Oriental, que cruza el espacio Europeo, era excesivamente ventajosa para los EEUU y al mismo tiempo, desventajosa para la URSS. La cosa es que la seguridad y defensa de las fronteras terrestres es una tarea excesivamente difícil, cara y consumidora de recursos. Especialmente lo es, cuando las fronteras no están conectadas con la presencia de típicos obstáculos naturales; por ejemplo, montañas, cuencas fluviales, y otros, y especialmente cuando en ambos lados de la frontera estamos tratando con una sociedad homogénea desde el punto de vista sociológico (étnica, cultural, religiosa, etc.). Precisamente de tal clase era la frontera entre los países del Pacto de Varsovia, representando la continuación de la URSS, es decir de una telurocracia continental, y los países de la OTAN, la Alianza Nor-Atlántica, de la cual eran miembros los estratégicos satélites de EEUU. Al mismo tiempo los EEUU están amparados con total seguridad por sus fronteras marinas, que eran suficientemente baratas, no necesitan gran cantidad de recursos y permiten la concentración en otros problemas estratégicos. Cuando fuera absolutamente necesario, los EEUU, en caso de conflicto con la URSS, perderían el territorio de Europa occidental, pero su propio territorio estaría fuera de alcance. La URSS, sin embargo, está forzada a defender las fronteras del Pacto de Varsovia como propias.

Esto creó unas condiciones de partida, desiguales para los vencedores de la segunda guerra mundial, dando un poder estratégico preponderante a EEUU y el bloque de la OTAN. Comprendiendo esto, Stalin y especialmente Beria, que habló más abiertamente sobre esto, elaboraron, a principios de la década de 1950, los planes para la «Finlandización de Europa»; esto es, la creación en centro y este de Europa un bloque de gobiernos, que serían neutrales en relación a la URSS y la OTAN. Esto permitiría una estructura diferente de fronteras. Cuánto más ancha fuera esta zona europea «neutral», más cómodas serían las fronteras europeas para Rusia. A finales de la década de 1960, Jean Thiriart predijo el inevitable colapso de la URSS debido a que la estructura de fronteras en Europa quedó inalterada. Al mismo tiempo, también propuso otro escenario: la creación de un «Imperio Euro-Soviético de Vladivostok a Dublín»[47]; esto es, un ensanchamiento de las fronteras del bloque de Varsovia hasta las orillas del Atlántico. Y en cualquier caso, la tarea consistía en cambiar la estructura de fronteras. Y aunque lejos de ser inmediatamente después de la partición de Europa entre los EEUU y la URSS, precisamente este factor geopolítico se hizo sentir de una manera catastrófica para el bloque del Este.

Volviendo al periodo de post-guerra y a la formación del mundo de Yalta, debemos dar un análisis geopolítico de la «Guerra Fría». Dos años después de la victoria sobre Hitler, las relaciones entre los vencedores de la segunda guerra mundial empezó a empeorar rápidamente. Aquí los objetivos geopolíticos se hacen sentir: La alianza de las democracias talasocráticas occidentales y la telurocracia socialista soviética fue tan anormal desde el punto de vista geopolítico e ideológico que un conflicto se acumuló en estas relaciones desde el principio.

La «Guerra Fría» empieza en 1947, cuando el diplomático Americano George Kennan publica un artículo en «*Foreign Affairs*» llamando a la contención de la URSS. G. Kennan, un seguidor de Mackinder, el geopolítico americano N. Spykman, y R. Strauss-Hupe elaboran un modelo de configuración de zonas globales, controladas por EEUU que inevitable y firmemente llevaría a América hacia la dominación sobre Eurasia. El estrangulamiento de la URSS en el espacio interior del continente Euroasiático y la restricción y bloqueo de la influencia soviética a lo largo del mundo entero, entraba en esta estrategia. La principal estrategia consistía en envolver las zonas costeras (*Rimland*[48]); que estaban bajo el control de EEUU en el espacio de Eurasia. Desde Europa occidental a través de oriente medio y Asia central hasta el lejano oriente, India e Indochina. Japón, ocupado por los EEUU, ya era un respaldo para la estrategia naval americana.

---

[47]http://www.gumer.info/bibliotek_Buks/Polit/Article/tor_evrsov.php Thiriart J. «*Euro-Soviet Empire*» — Accedido el: 03/11/2011.

[48]NdT: *Rimland* es un término que hace referencia a las costas del continente euroasiático, es decir, las salidas al atlántico, mediterráneo, índico y pacífico.

La URSS reaccionó a esta estrategia, a su vez, se esforzó para romper el control de EEUU y la OTAN sobre las zonas costeras (*Rimland*). La dura confrontación en el tiempo de la revolución china, que la URSS activamente apoyó, las guerras de Corea y Vietnam están conectadas con esto. Además, la URSS apoyó las tendencias socialistas en el mundo islámico, en particular, el «socialismo árabe», y dio apoyo a los partidos comunistas pro-soviéticos en Europa occidental. La gran guerra de la civilización del Mar y la civilización de la Tierra fue llevada a otros continentes: África y Latinoamérica. En África fue Angola, Etiopía, Somalia, Mozambique (afro-comunismo); en Latinoamérica, Cuba y los poderosos movimientos comunistas en Chile, Argentina, Perú, Venezuela y otros.

El factor de las armas atómicas fue de una tremenda importancia en la «guerra fría». La posesión demostrada por EEUU de un nuevo tipo de arma, lanzada sobre Hiroshima y Nagasaki, les dio, según parecía, una ventaja decisiva en una futura confrontación con la URSS. Stalin focalizó sus esfuerzos en que la URSS fuera capaz de poseer esas mismas armas. Aquí, los aliados de la URSS en la red comunista mundial jugaron un papel importante. El compromiso ideológico de los actores izquierdistas les hizo esencialmente una red de agentes de influencia, y portales para la recepción de información en los intereses de la civilización de la Tierra. Así, la información más importante sobre armas nucleares fue recibida de un científico americano, el físico nuclear Rutherford, a través de una red de agentes soviéticos. En combinación con los desarrollos soviéticos, fue producida exitosamente una bomba nuclear soviética a ritmo acelerado, nivelando las posibilidades tecnológicas de las dos superpotencias.

Para la década de 1950, el aspecto geopolítico del mundo bipolar, que fue una expresión planetaria del mapa inicial de Mackinder, se estableció en sus características básicas. El Corazón de la Tierra y la civilización de la Tierra estaban representados por la URSS, por los países del pacto de Varsovia y por los regímenes socialistas, a veces situados a una distancia importante respecto de la URSS. Esto era el superpoder soviético y su zona de influencia. La Tierra alcanzó su máximo histórico, un alcance anteriormente impensable y un ámbito de influencia. Eurasia se convirtió en un Imperio Mundial, extendiendo su red de influencia a escala global.

El otro superpoder, EEUU, también se convirtió en el centro de una hegemonía global. El bloque de la OTAN y los países capitalistas a lo largo del mundo entero se alinearon de cerca con él. Entre estos dos poderes planetarios de aquí en adelante fue llevada a cabo «la gran guerra de los continentes», formada ideológicamente como la oposición entre capitalismo y comunismo. La talasocracia fue identificada con el modelo capitalista-burgués, con la sociedad de mercado (del tipo ateniense y cartaginés); la telurocracia fue identificada con una sociedad socialista del tipo espartana-romana. Los jugadores importantes estaban distribuidos a lo largo de estos dos polos. Aquellos que dudaron en la selección de su orientación ideológica y geopolítica, apoyaron al «movimiento de los no-alineados». Pero este movimiento no representó un tercer polo pleno, no elaboró algún tipo de plataforma ideológica independiente, más aún, una estrategia geopolítica. Más bien estos países representaron «la tierra de nadie» o territorios neutrales, donde los representantes de los bloques oriental y occidental operaban con éxito similar.

El mundo bipolar propuesto en la Conferencia de Paz de Potsdam y fijado en la Conferencia de Yalta que se convirtió desde la década de 1950 en el modelo básico de las relaciones internacionales por algunas décadas hasta 1991; es decir, hasta el fin de la URSS.

# El mundo de Yalta tras la muerte de Stalin

Stalin fue una figura clásica de gran líder continental, encajaba perfectamente tanto para la escala de tareas geopolíticas que estaban ante Rusia en el siglo XX, como para las constantes sociológicas de la sociología telurocrática euroasiática, orientada a lo jerárquico, vertical, «heroico», de valores «espartanos». Es difícil decir si estaba familiarizado con las minuciosas ideas de los eurasianistas y nacional-bolcheviques y si tenía una noción precisa de patrones geopolíticos. En cualquier caso, en su política exterior, está trazada la lógica precisa y diferente de las acciones, cada una de las cuales está dirigida al fortalecimiento del poder de la civilización de la Tierra, expandiendo las zonas de influencia del gobierno soviético y defendiendo sus intereses estratégicos. En el periodo de su gobierno, es manifiesto el algoritmo de la ejecución consciente de una geopolítica euroasiática coherente. Algunos de sus compañeros discreparon completamente por su claridad para entender los patrones de los procesos internacionales, íntimamente relacionados con el contexto geopolítico; en particular, V. Molotov, L. Beria y otros. Uno se encuentra bajo la impresión de que tras la muerte de Stalin y la supresión de Beria del poder, la autoconciencia geopolítica de los líderes soviéticos rápidamente se debilita. Ellos siguen actuando en el marco de un mundo bipolar, esforzándose en asegurar el polo soviético y tanto como sea posible hacer uso de algún descuido de EEUU para fortalecer las tendencias pro-soviéticas en varias partes del mundo. Sin embargo, la política exterior soviética de aquí en adelante se convierte en reactiva, secundaria, y en muchos casos, defensiva.

Es importante que desde el gobierno de Jrushchov en adelante, los líderes soviéticos perdieron su preocupación por la condición de las fronteras europeas. Si este problema preocupaba a Stalin y Beria, uno tiene la impresión que después los líderes de la URSS olvidaron todo sobre esto, pensando que otras cuestiones merecían atención prioritaria.

En el tiempo de Jrushchov, estalló la crisis del Caribe, a la cual precedió la revolución cubana. En conjunto, esta revolución fue una respuesta simétrica al atlantismo geopolítico de EEUU en el espacio de Eurasia: Como América se esforzaba en emplazar sus bases militares lo más cerca posible del territorio de la URSS en las zonas costeras del territorio principal euroasiático, así también la Cuba de Fidel Castro, librándose de estar bajo el control de EEUU, y llevando a cabo una revolución proletaria, se transformó lógicamente en una base estratégica de la presencia soviética en proximidad directa con EEUU. Así, cuando la URSS tomó la decisión referente al emplazamiento de misiles nucleares en Cuba en octubre de 1962, esto fue totalmente natural, especialmente con una ojeada al emplazamiento en 1961 por EEUU de misiles «Júpiter» de medio alcance en Turquía, amenazando directamente a las ciudades de la parte occidental de la Unión Soviética, alcanzando Moscú y centros industriales importantes.

Cuando el avión espía americano U2 BBC de EEUU, en el transcurso de uno de sus vuelos de reconocimiento sobre Cuba descubrió los misiles soviéticos P-12 de medio alcance en las afueras de San Cristóbal, supuestamente equipados con cabezas nucleares, la «Guerra Fría» casi se convirtió completamente en un conflicto nuclear de las dos superpotencias. Al principio el presidente Kennedy tomó la decisión de empezar un bombardeo masivo de Cuba, pero entonces se hizo evidente que los misiles soviéticos están armados y preparados para un ataque sobre EEUU. Como resultado de las dramáticas negociaciones, la URSS fue obligada a desmantelar sus misiles y a cambio de una garantía de EEUU para renunciar a intervenir en esta isla.

Desde un punto de vista geopolítico, la crisis de los misiles de Cuba supuso el punto culminante en la gran guerra de los continentes: Un punto de tal tensión que el inicio de una guerra nuclear global era el resultado más probable. El periodo posterior a la crisis del Caribe consistió en el hecho de que ambas superpotencias, temiendo por la amenaza de la destrucción de la humanidad en el transcurso de lo que se había convertido en un probable conflicto nuclear, siguieron el camino de la distensión en la tensión internacional.

En política interior, la era de Jrushchov estuvo marcada por el abandono del culto a la personalidad de Stalin y por las críticas a su estilo de liderazgo. Este fenómeno recibió el nombre de «el deshielo». En este periodo, el movimiento disidente empieza a formarse en la URSS, los representantes de los que toman una posición pro-occidental y empiezan a criticar el socialismo y la «totalitaria» sociedad soviética. Es importante enfatizar que, desde un punto de vista geopolítico, la aplastante mayoría de los disidentes consideran la sociedad occidental y el capitalismo como un modelo de imitación y la sociedad soviética como un objeto de crítica, que nos permite calificarles como portadores del atlantismo, y principios talasocráticos. Entre los disidentes hay también patriotas, personalidades orientadas a la nación (los académicos I. Shafarevich, U. Osipov, G. Shimonov, y otros) pero en conjunto ellos representan la minoría.

En política exterior, Jrushchov pierde un importante aliado en la China maoísta, cuyo liderazgo respondió muy desfavorablemente al abandono del culto de Stalin y su política. En conjunto, la política exterior de Jrushchov repite las principales líneas de fuerza de la política tradicional de la URSS.

Tras el despido de Jrushchov de la oficina de la Secretaría General, Leonid Ilich Brézhnev subió al poder por algunas décadas. Las políticas de este periodo se distinguen por el conservadurismo, la ausencia de movimiento. Por un lado, no ocurre una vuelta al stalinismo, pero también se reduce la fuerte crítica del culto a la personalidad. El deshielo de Jrushchov también vino a su fin, y el movimiento disidente está sujeto a una grave presión desde el lado de la KGB y la psiquiatría correctiva. En el nivel de la política exterior, Brézhnev busca escapar de la confrontación directa con el oeste.

Pero en 1965 los EEUU llevan a cabo una invasión militar en Vietnam para apoyar al régimen capitalista y pro-occidental de Vietnam del Sur con su capital en Saigón. Aún más temprano en Vietnam del Norte, por el contrario, fue aprobado un sistema político pro-soviético (en 1945 Ho Chi Minh proclamó la creación de la República Democrática Independiente de Vietnam, de la cual una invasión francesa les arrebató la parte sur, separando en país en dos). China se declaró partidaria del Vietcong (Vietnam del Norte). La URSS, también, presta a Hanói un apoyo importante. Los EEUU lanzan toda su fuerza militar en apoyo de Saigón, pero la guerra es agotadora y extremadamente cruel, se alarga por 10 años hasta 1975, y costándole a América un gran número de sacrificios, termina con la victoria de los comunistas y la unificación de todos los territorios del país bajo el gobierno del Vietcong. El 30 de abril de 1975 los comunistas levantaron la bandera sobre el palacio de la independencia en Saigón.

Desde el punto de vista de la geopolítica, esta era una típica batalla entre la talasocracia y la telurocracia por el control sobre la zona costera (*Rimland*). Los americanos se esforzaron en establecer allí su influencia; las fuerzas pro-soviéticas se esforzaron para liberarlos de esta influencia en favor de la URSS continental. El fracaso de la intervención americana una importante victoria táctica para la URSS. El bloque soviético emergió como conquistador en este episodio de la gran guerra de continentes.

La situación en Afganistán, donde las tropas soviéticas tuvieron que ser llevadas en 1979, acabó siendo de manera diferente. En este tiempo, la atmosfera política nacional en la URSS empeoró cualitativamente: La apatía y la indiferencia perforaban la sociedad soviética de los pies a la cabeza; los tópicos ideológicos del socialismo y el marxismo, repetidos un número sin fin de veces, empezaron a perder su significado; el estancamiento y la indiferencia ascendieron al trono. Los aspectos totalitarios del sistema soviético adquirieron un carácter grotesco. La ausencia de represiones a escala total, que habían cesado desde la época de Stalin, no llevaron al aumento de la creatividad y a la movilización de energías dinámicas, sino solamente debilitó a la población. Las mentes estrechas y los motivos consumistas empezaron a prevalecer en la sociedad. La esfera humana, la cultura, se empezó a degradar bruscamente. En este contexto, las tropas soviéticas invadieron Afganistán, con la orden de proporcionar asistencia al liderazgo orientado hacia la URSS de Taraki. El 27 de abril de 1978 la revolución empezó en Afganistán, como resultado de la llegada al poder del Partido Democrático del Pueblo. En septiembre de 1979 ocurrió un golpe de Estado, en el transcurso del cual Hafizullah Amín llegó al poder, se orientó hacia unas estrechas relaciones con los EEUU. Las tropas soviéticas entraron en Kabul y tomaron por asalto el palacio de Amín, destruyéndole junto con sus asociados. El líder pro-soviético Babrak Karmal fue puesto en el poder. Muy pronto, la oposición al régimen de Karmal se expandió a lo largo del país, encabezado por los representantes de varios grupos islámicos; en primer lugar, los fundamentalistas. Allí, también, se formó la «Al-Qaeda» de Osama Bin Laden y más tarde se volvió famosa. Por la lógica de la geopolítica objetiva, una vez que la URSS permanecía tras Karmal, los líderes de la CIA aparecieron tras sus oponentes, los islamistas. En particular, el importante geopolítico americano Zbigniew Brzezinski, el sucesor geopolítico directo de la política talasocrática de Mackinder y Spykman, personalmente implementadas para apoyar a los muyahidines islámicos en Afganistán, en abril de 1980, el Congreso de EEUU autorizó «apoyo abierto y directo» para la oposición afgana.

Como en el caso de las guerras de Corea o Vietnam, la guerra de Afganistán representó una típica confrontación de telurocracia y talasocracia en la lucha por la influencia sobre la zona costera. El territorio de Afganistán no tiene una salida a mares cálidos, pero es colindante con las fronteras de la URSS y es por esta razón estratégicamente importante para la estrategia global de contener a la URSS, en la cual se basaba la estrategia de los EEUU durante toda la «Guerra Fría». A finales del siglo XIX y principios del siglo XX, Afganistán ya estaba convirtiéndose en un escollo para las relaciones ruso-británicas y un elemento muy importante del «Gran Juego». El destacado estratega ruso A. E. Snesarev[49] escribió sobre la importancia estrategia de Afganistán para el Imperio Ruso. Brézhnev, durante cuyo mandado reinó una definitiva estabilidad y el conservadurismo, muere en 1982, en el momento culminante de la guerra de Afganistán, en la cual las tropas soviéticas soportaban graves bajas, pero en general controlaban la situación. En este momento llega el antiguo líder del KGB, Y. V. Andropov. Su corto mandato (muere en su puesto en 1984) no deja una marca considerable. En su lugar llega K. U. Chernenko, pero muere en 1985, sin haber tenido tiempo a designar su propia política.

En conjunto, el periodo desde la muerte de Stalin hasta la muerte de Chernenko representa el movimiento del liderazgo político de la URSS en el lecho de este modelo, de un mundo bipolar que tomó forma como resultado de la segunda guerra mundial. Este periodo representa la confrontación de posiciones entre la civilización de la Tierra (el bloque oriental) con la civilización del Mar (el bloque

---

[49]Snesarev A.E. «*Afganistán*». — URL: http://a-e-snesarev.narod.ru/ trudi/afganistan.html — Accedido el: 03/09/2011

occidental) a una escala global sin precedentes hasta la fecha.

# La teoría de la convergencia y el globalismo

Para entender los sucesos que tuvieron lugar durante la década de 1980 en la URSS y en el mundo, es necesario desplazar nuestra atención a un grupo de teorías que aparecieron en el oeste, en la década de 1970, y que tuvieron una influencia tremenda en el siguiente transcurso de acontecimientos. Las teorías de la convergencia fueron establecidas en las décadas de 1950 y 1960 entre sociólogos y economistas (P. Sorokin, G. Gilbert, R. Aron, Y. Tinbergen y otros). Sus pretensiones equivalen a afirmar, que conforme a las medidas de desarrollo tecnológico, los sistemas capitalista y socialista se aproximarán más y más entre sí; en las sociedades capitalistas, se incrementa el papel de la planificación de los procesos tecnológicos; y en la economía socialista, empezarán a surgir estructuras de pequeños propietarios (por ejemplo en países de Europa oriental). Los partidarios de esta teoría supusieron que en algún punto, la competición entre los dos sistemas globales debe dar lugar a un sistema general e integrado de tipo mixto: Habría algo de capitalismo y algo de socialismo.

Tras la crisis del caribe, en el periodo de la distensión en las relaciones entre el bloque oriental y el occidental, estas teorías adquirieron una importancia práctica, como establecían un lienzo común para la unión de los países socialistas con los países capitalistas.

En paralelo a esta dirección, algunas organizaciones surgieron en el oeste, que ponían ante sí, la tarea de la comprensión global de los problemas mirando a la humanidad como un todo, sin tomar reserva sobre la división entre este y oeste, capitalismo y socialismo. Así en 1968 el industrial italiano Aurelio Peccei y el eminente director Alexander King, fundaron el Club de Roma, una organización que une a los representantes de la política global, y la élite científica, financiera y cultural, que se colocó ante sí misma la tarea del análisis global de los problemas mundiales. Científicos soviéticos fueron también atraídos para trabajar en el Club de Roma (en particular, el académico G. Gvishiani[50], director del Instituto de Sistemas de Análisis de la Academia Rusa de Ciencias[51]).

En el mismo momento, una vista global de la humanidad y el proyecto de establecimiento de un «gobierno mundial» fue la estrategia conceptual de tales organizaciones influyentes como, el americano «Consejo de Relaciones Exteriores» (CRE), y la internacional «Comisión Trilateral» fundada sobre esta base. Esas organizaciones se esforzaban para establecer relaciones especiales con el liderazgo político soviético, proponiendo una consolidación de esfuerzos para mayores distensiones y la resolución de problemas comunes a la humanidad.

Es importante poner atención en la «Comisión Trilateral». Esta organización, fundada en la base del CRE bajo el patrocinio de D. Rockefeller y eminentes científicos políticos y geopolíticos Z. Brzezinski y H. Kissinger, junta a los representantes de tres zonas geopolíticas: América, Europa y Japón, que están consideradas como los tres centros del sistema capitalista, la civilización del Mar. La tarea de esta organización, cuya actividad estaba rodeada por un velo de secretismo, consistía en coordinar los esfuerzos para encabezar la victoria de los países capitalistas en la «Guerra Fría», y también, para el aislamiento de la URSS y de sus aliados desde todos los lados: Desde el oeste (Europa), desde el este (Japón), y desde el sur (los aliados de EEUU y la OTAN, oriente medio y regímenes asiáticos). Al mismo tiempo, la «Comisión Trilateral» no usaba simplemente la táctica de la confrontación frontal, sino también, la seducción del adversario con el diálogo. Así que a finales de la década de 1970 y principios de la década 1980, los representantes de esta organización precisamente fueron los iniciadores de la asistencia a China en la producción de una nueva política económica liberal, y contribuyeron

---

[50]A.P. Shevyajin: El enigma de la muerte de la URSS. M: Veche, 2004.

[51]Fundada en 1976 como una rama del Instituto Internacional de Sistemas de Análisis Aplicados (IISAA) bajo el Club de Roma; la principal subdivisión del IISAA estaba en Viena.

a una enorme inversión en la economía de este país y el apoyo de su discurrir, a pesar de que fuera un régimen comunista. Esto se hizo con el objetivo adicional de apartar a China de la URSS, y fortalecer su propia influencia en el lejano oriente en detrimento de la influencia soviética. Es muy característico que estuviera en su núcleo este club globalista, fundado precisamente sobre el CRE, esta estructura que fue pionera en el rápido desarrollo de la geopolítica en EEUU, ya desde Versalles, y con la cual el fundador de la geopolítica Halford Mackinder trabajó estrechamente en los últimos años de su vida. La idea misma de unir los tres núcleos principales del capitalismo mundial en un sólo centro coordinador, ya estaba expresada en el transcurso de los trabajos de creación de la CRE en Versalles: Al mismo tiempo la discusión era sobre la organización de la correspondiente estructura en Europa, y concretamente en Inglaterra, donde el Real Instituto de Estudios Estratégicos (Chatam House) realizaba esta función —y así fue percibida— y también de un «Instituto de Estudios del Pacífico» (este plan no fue llevado a cabo). Los proyectos de la gobernanza global del mundo en los intereses de la civilización del Mar, por tanto, ya empezaron desde la década de 1920, en paralelo con el nuevo curso geopolítico de W. Wilson, y al mismo tiempo fueron formadas las primeras subdivisiones de la organización, llamadas para asistir en la realización de estos proyectos. Vemos una nueva rama de iniciativas similares en la década de 1970 bajo la forma de la creación de la «Comisión Trilateral».

Desde el punto de vista de la geopolítica, y circunscribiéndonos al hecho de la existencia de una profunda oposición de la civilización de la Tierra y la civilización del Mar, la aspiración de reunir a los sistemas capitalistas y socialistas (esto es, reconciliar la Tierra y el Mar mutuamente) a un nivel económico, ideológico y político, era una estrategia extremadamente contradictoria, que tenía teóricamente tres posibles explicaciones:

1. O bien era una argucia de la civilización del Mar para que bajara la guardia de la civilización de la Tierra y obligar a la URSS a que hiciera concesiones ideológicas o de otro tipo, al oeste.

2. O bien era una operación especial a gran escala ideada por grupos comunistas soviéticos para extender su influencia a los países occidentales, en una acción para debilitar a la civilización del Mar y obligarla discretamente a reconocer el conjunto de valores de la civilización de la Tierra (socialismo).

3. O bien era un sincero deseo de llevar a un acercamiento «la gran guerra de los continentes», y unir así a la Tierra y el Mar en una síntesis inimaginable y sin precedentes.

En el primer caso la estrategia de convergencia llevaría al debilitamiento de la URSS y finalmente a su caída. En el segundo, acelerarían las perspectivas de una revolución mundial y la caída del sistema capitalista (el ascenso al poder de fuerzas izquierdistas). Mientras que en la tercera, finalmente, conduciría a la aparición de una nueva ideología utópica, basada en una completa superación de la geopolítica y su simetría dual.

Hoy sabemos perfectamente bien, cómo terminaron para la URSS los intereses en el contexto de esta teoría y estas instituciones, pero en las décadas de 1960 y 1970, los partidarios y los oponentes de la convergencia sólo podrían suponer su contenido real como resultado de lo que podría ser alcanzado en el caso de su actual implementación.

Desde la década de 1970 las teorías de la globalización empiezan a tomar forma, basadas en predicciones sobre la unificación de la humanidad en un sólo sistema social (*One World*[52]), con un Estado común (*World State*[53]), y un liderazgo mundial (*World Government*[54]). Pero la estructura concreta y los principios en los que este «*One World*» tendría que basarse, permanecieron aproximados, dado que la «Guerra Fría» continuaba sin ser resuelta. Este podría haber sido un mundo capitalista (en caso de la victoria de la civilización del Mar), una victoria socialista (en caso de la victoria de la civilización de la Tierra y el éxito de la revolución mundial), o algún otro tipo de variante mixta (la teoría de la convergencia como los proyectos

---

[52]NdT: Un Mundo, o mundo único.
[53]NdT: El Estado mundial.
[54]NdT: El Gobierno mundial.

humanísticos marginales en el espíritu del Club de Roma, estaban basados en la previsión concerniente a «los límites de crecimiento», ecología, pacifismo, predicciones sobre el agotamiento de los recursos naturales entre otros elementos).

# La geopolítica de la Perestroika

Justo hasta 1985, la actitud de la URSS hacia la unión con el oeste era, en su conjunto, bastante escéptica. Sólo en el periodo del gobierno de Y. Andropov la situación cambió algo, de acuerdo con sus instrucciones, un grupo de científicos soviéticos e instituciones académicas reciben la tarea de cooperar activamente con las estructuras globalistas (el Club de Roma, la CRE, la Comisión Trilateral, etc.). En su conjunto, los principios de la política exterior dirigida desde la URSS permanecieron sin cambios desde el periodo que transcurre desde Stalin hasta Chernenko.

Los cambios en la URSS empiezan con la llegada de M. S. Gorbachov a la oficina del Secretario General del Partido Comunista de la Unión Soviética. Toma esta oficina con el telón de fondo de la guerra de Afganistán, la cual, entra cada vez más en un punto muerto. Desde sus primeros pasos al frente de la oficina del Secretario General, Gorbachov se enfrenta a problemas serios. El conjunto de estructuras sociales, económicas e ideológicas entran en quiebra, mientras la sociedad permanece apática. La visión marxista del mundo pierde su atractivo aunque continúa expandiéndose por inercia. Se produce un crecimiento porcentual de la intelectualidad urbana que se siente cada vez más atraída hacia la cultura occidental, desea los valores occidentales. Las naciones de alrededor pierden su potencial de modernización y en algunos lugares empiezan a desatarse arcaicos procesos represivos; eclosionaron los sentimientos nacionales, y otros también. La carrera armamentística y la necesidad de una constante competencia con el desarrollo de un sistema capitalista bastante dinámico, agota a la economía del bloque soviético durante este proceso. Incluso algo de más alcance, el descontento llega a límites extremos en los países socialistas de Europa oriental, donde el atractivo que suscitan las formas de vida occidentales se dejan sentir cada vez con más entusiasmo, mientras el prestigio de la URSS cae gradualmente. En estas condiciones, se demanda a Gorbachov que tome algún tipo de decisión definitiva en relación con la siguiente estrategia de la URSS y de todo el bloque oriental.

Y él lo hace; y consiste en lo siguiente: En una difícil situación, adoptar como fundamento las teorías de la convergencia y las proposiciones de los grupos globalistas, y empezar a atraer más de cerca al mundo occidental por medio de la implementación de concesiones unilaterales. Lo más probable es que Gorbachov y sus consejeros esperasen acciones equivalentes desde el oeste; el oeste debía haber respondido a cada concesión de Gorbachov con movimientos análogos a favor de la URSS. Este algoritmo se puso en práctica, en los fundamentos de la política de la perestroika. En la política interna, esto significó el abandono de la estricta dictadura ideológica marxista, la relajación de las restricciones en relación a los filósofos no-marxistas y las teorías científicas, el cese de la presión sobre instituciones religiosas (en primer lugar, sobre la Iglesia Ortodoxa Rusa), una ampliación de las interpretaciones permisibles sobre los sucesos de la historia soviética, una política sobre la creación de pequeñas empresas (cooperativas), y la libre asociación de ciudadanos a favor de distintos intereses políticos e ideológicos. En este sentido, la perestroika fue una cadena de pasos dirigidos hacia la democracia, el parlamentarismo, el mercado, la «Glasnost», y la expansión de las libertades civiles. Este fue un movimiento lejano respecto al modelo socialista de sociedad, hacia una democracia-burguesa y el modelo capitalista. Pero al principio este movimiento fue gradual y quedó dentro del marco del algoritmo social-demócrata; la democratización y el liberalismo estaban combinados con la preservación del modelo de partido de la administración del país, una economía estricta, vertical y planificada, y el control por parte de las agencias del partido y los servicios especiales, de los procesos socio-políticos.

Sin embargo, en otros países del bloque oriental y en la periferia de la URSS misma, estas transformaciones fueron percibidas como una manifestación de debilidad y como unas concesiones unilaterales al oeste. Tal conclusión fue confirmada por la decisión final de Gorbachov de replegar los contingentes militares soviéticos de Afganistán (1989), por la oscilación sobre una serie de revoluciones democráticas desarrolladas a lo largo de Europa oriental, y por sus inconsistentes políticas en relación a una serie de repúblicas aliadas: Estonia, Letonia, Lituania, Georgia y Armenia, que fueron las primeras en entrar en el proceso para establecerse como Estados independientes.

Frente a este trasfondo, el oeste se estructuró bajo una posición bien definida: Mientras favorecen a Gorbachov y sus reformas, desde las palabras y los discursos, elogiando también sus fatídicas acciones, no emprendieron ninguna medida equivalente a favor de la URSS; ni la más mínima concesión fue realizada en la dirección de los intereses políticos, estratégicos y económicos soviéticos. Como consecuencia, las políticas de Gorbachov condujeron al resultado de 1991, en el que un sistema gigantesco y planetario, de influencia soviética, acabó desmoronándose, mientras se abría paso un vacío de poder, que fue rápidamente ocupado por el segundo polo, los EEUU y la OTAN. Y si en las primeras etapas de la perestroika todavía era posible considerarla como una maniobra especial en la «guerra fría» (en la misma dirección que la «Finlandización de Europa», elaborada por Beria; Gorbachov, por su parte, habló de una «Casa Europea»), entonces, a finales de la década de 1980 se evidenció que estábamos ante un caso de capitulación directa y unilateral.

Gorbachov acuerda sacar las tropas soviéticas de la República Democrática Alemana, disuelve el Pacto de Varsovia, reconoce la legitimidad de los nuevos gobiernos burgueses en los países de Europa oriental, se acerca a las aspiraciones de las Repúblicas Soviéticas por recibir un alto grado de soberanía e independencia, y revisar las condiciones del acuerdo de la formación de la URSS, sobre nuevos términos. De forma progresiva, Gorbachov rechaza la línea social-demócrata, abriendo el camino para las reformas directas capitalistas-burguesas en la economía. En pocas palabras, las reformas de Gorbachov contribuyen a un reconocimiento de la derrota de la URSS en su confrontación con el Oeste y los EEUU.

Desde un punto de vista geopolítico, la perestroika representa no sólo un rechazo de la confrontación ideológica con el mundo capitalista, sino también una contradicción completa de todo el camino histórico de Rusia como formación Euroasiática y gran-continental, como el Corazón de la Tierra, como la civilización de la Tierra. Esto supuso el debilitamiento de Eurasia desde dentro; la autodestrucción voluntaria de uno de los polos del sistema mundial; un polo, que no surgió en absoluto en el periodo soviético, sino que tomó forma durante siglos y milenios en la base de la lógica natural de la historia geopolítica, y en concordancia con las líneas de fuerza de la geopolítica objetiva. Gorbachov adoptó las posiciones del occidentalismo, que rápidamente condujeron al colapso de la estructura global y a una nueva versión de la Era de los Problemas[55]. En lugar del Eurasianismo, fue adoptado el Atlantismo; en el lugar de la civilización de la Tierra y su conjunto sociológico de valores, se impusieron las normativas de la civilización del Mar, totalmente contrarias a la Tierra.

Si comparamos la importancia geopolítica de estas reformas con los restantes periodos de la historia rusa, no podemos escapar a la sensación de que estamos tratando con una situación sin precedentes.

La Era de los Problemas en la historia rusa no duró mucho y fue reemplazada por periodos de soberanía renacida. Incluso las disensiones más angustiosas preservaron este o aquel centro integrador, que se convirtió con el tiempo, en el polo de una nueva centralización de las tierras rusas. E incluso los occidentalistas rusos, afines a Europa, adoptaron las costumbres europeas e ideas junto con las tecnologías y habilidades usadas para reforzar el poder del Estado de Rusia, para asegurar sus fronteras, y para afirmar sus intereses nacionales. Así, el occidentalista Pedro I o la germanista Catalina II, con todos sus entusiasmos por Europa, incrementaron el territorio de Rusia y consiguieron para esta, nuevas victorias militares.

---

[55]NdT: La Era de los Problemas hace referencia a la época —también conocida como Era de las Revueltas— que sacudió el Imperio Ruso entre 1598 y 1613, que supuso el fin de la dinastía Rúrika y el inicio de la dinastía Romanov, con una serie de revueltas dentro de Rusia y el intervencionismo de los reyes polacos en el trono ruso.

Incluso los bolcheviques, obsesionados con la idea de una revolución mundial y habiendo aceptado fácilmente los restrictivos términos del mundo de Brest-Litovsk, empezaron en un corto periodo de tiempo el fortalecimiento de la Unión Soviética, volviendo bajo el control de Moscú, sus afueras en el oeste y el sur. El caso de Gorbachov es una absoluta excepción en la historia geopolítica rusa. La historia de Rusia no conocía tal traición, ni tan siquiera en sus peores épocas. No sólo fue destruido el sistema socialista; el Corazón de la Tierra fue dinamitado desde dentro.

# El significado geopolítico del colapso de la URSS

Como resultado del colapso de la URSS, el mundo de Yalta asistió a su final lógico. Esto significa que el modelo bipolar terminó. Un polo puso fin a su existencia por su propia iniciativa. Ahora uno podría decir con claridad que la teoría de la convergencia era de hecho, la argucia de la civilización del Mar. Esta argucia concibió una acción y fructificó con la victoria a la talasocracia en la «Guerra Fría». Ninguna convergencia tuvo lugar en la práctica; y respecto al alcance de las concesiones unilaterales desde la URSS, solamente el oeste fortaleció su capitalismo e ideología liberal, expandiendo su influencia cada vez más lejos a lo largo del vacio ideológico que se había generado. Junto con esto, la zona de control de la OTAN también se expandió. Así, al principio casi todos los países de Europa oriental se unieron a la OTAN (Rumanía, Hungría, República Checa, Eslovaquia, Bulgaria, Polonia, Eslovenia, Croacia), y también las antiguas repúblicas de la URSS (Estonia, Letonia y Lituania). Esto significa que la estructura del mundo tras el fin de la «Guerra Fría» se preservó en uno de sus polos, la civilización del Mar, el oeste, el Leviatán, Cartago, el bloque democrático-burgués, con su centro en los EEUU.

El fin del mundo bipolar significa, por tanto, la victoria de uno de sus polos y su fortalecimiento a expensas del perdedor. Uno de sus polos desapareció, mientras el otro permaneció y se convirtió en la estructura dominante natural de todo el sistema geopolítico global. Esta victoria de la civilización del Mar sobre la civilización de la Tierra representa el contenido real de la globalización, su esencia. De aquí en adelante el mundo se volvió simultáneamente global y unipolar. Desde un punto de vista sociológico, la globalización representa la expansión a nivel planetario de un único modelo de democracia-burguesa occidental, liberal, de sociedad de mercado y de la sociedad de los mercaderes. Esto es la talasocracia. Y al mismo tiempo los EEUU son el centro y núcleo de esta realidad democracia-burguesa y talasocrática (en lo sucesivo global). Democratización, occidentalización, americanización y globalismo representan esencialmente varios aspectos del mismo proceso del ataque total de la civilización del Mar y la hegemonía del Mar. Tal es el resultado de ese duelo planetario que fue el principal contenido de la política internacional en el transcurso del siglo XX. Durante el gobierno de Jrushchov, la versión soviética de la telurocracia sufrió una catástrofe colosal, separándose las zonas territoriales del Corazón de la Tierra respecto de los mares cálidos que volvieron, bajo el control del poder del mar en gran medida. Precisamente así debería ser entendida, tanto la expansión de la OTAN en el este, a expensas de los antiguos países socialistas y repúblicas aliadas, y el subsiguiente fortalecimiento de la influencia del oeste en el espacio post-soviético.

El colapso de la URSS, que dejó de existir en 1991, puso fin al periodo soviético de la geopolítica de Rusia. Esta etapa terminó con tan dura derrota, que no existen precedente análogos en la historia de Rusia; ni tan siquiera la caída en la completa dependencia bajo el poder de los mongoles, pues incluso ésta fue compensada por la integración en un modelo político-gubernamental de persuasión telurocrática. En el caso presente, estamos tratando con la impresionante victoria de los principios enemigos de toda telurocracia, con la devastadora derrota de Roma y el triunfo de la nueva Cartago.

# 3

# La geopolítica de la Rusia de Yeltsin y su significado sociológico.

## La gran pérdida de Roma: La visión de G.K. Chesterton

LA DESINTEGRACIÓN DE LA URSS SIGNIFICÓ, desde el punto de vista geopolítico, un evento de colosal importancia, que afectó a toda la estructura del mapa geopolítico global. Conforme a sus características geopolíticas, la confrontación este y oeste, el ámbito capitalista y el socialista, con su núcleo en la URSS, representaba la expresión del profundo proceso de la gran guerra de continentes, un duelo planetario entre la civilización de la Tierra y la civilización del Mar, que se elevaba hasta el más alto grado de intensidad y a escala global. Toda la historia precedente conducía al tenso apogeo de esta batalla, que recibió precisamente en 1991 su resolución definitiva. En este momento, junto con la muerte de la URSS, tuvo lugar el colapso de la civilización de la Tierra, el baluarte de la telurocracia se desmoronó, el Corazón de la Tierra recibió un golpe fatal.

Para entender el significado total de este dramático momento de la historia mundial, debemos recordar una vez más lo que el escritor inglés G.K. Chesterton escribió en su trabajo «El hombre eterno»[56], sobre la victoria de Roma en la serie de guerras púnicas contra Cartago. Con un breve resumen, veremos el pasaje completo, que refleja la esencia del entender geopolítico de la historia mundial.

«Parecía que no había final en las guerras púnicas, y no es fácil establecer exactamente cuando empezaron. Los griegos y los sicilianos ya habían estado en guerra con la ciudad africana. Cartago había derrotado a los griegos y conquistado Sicilia. Este conflicto se mantuvo también en España; pero entre España y Sicilia había una pequeña ciudad latina, que estaba amenazada por la inevitable destrucción. Y, lo que es especialmente importante para nosotros, Roma no deseaba la reconciliación. Las gentes de Roma sentían que no podían reconciliarse con tales gentes. Es normal sentirse molesto ante la insistencia del lema «Cartago debe ser destruida». Pero olvidamos que Roma fue destruida. (...) Como casi todos los Estados mercantiles, Cartago no conocía la democracia. El pobre sufría bajo la impersonal e indiferente opresión del rico. Tal aristocracia financiera por regla general no admite una persona excepcional en el poder. Pero una persona de grandeza puede aparecer en cualquier parte, incluso entre la clase gobernante. Como si para que el juicio del mundo se volviese especialmente aterrador, que en la cámara dorada de una de las primeras familias surgiera un comandante, no menos hábil que Napoleón. Y ahora Aníbal arrastraba una pesada cadena de tropas a través del paso de los Alpes, que se dispersaba cual estrellas. (...) Los augurios romanos y los cronistas, los cuales informaron que en estos días nació un niño con la cabeza de un elefante y las estrellas caían desde el cielo como piedras, entendieron el corazón del asunto mucho mejor que nuestros historiadores, que razonan sobre la estrategia y el conflicto de intereses. Algo totalmente diferente se cernía sobre la gente; la mismo que todos nosotros sentimos cuando un espíritu extraño entra en nosotros como una niebla o un mal olor. Ni la derrota en las batallas, ni la derrota en el comercio,

---

[56] Chesterton G.K. «*The Everlasting Man*» *Collection of essays*. STP: Amphora, 2008.

inspiró a los habitantes de Roma con pensamientos, contrarios a la naturaleza de los augurios. Moloch avistaba esto desde las montañas; Baal pisoteaba los viñedos con pétreos pies; la voz de Tanit el Invisible susurraba el amor que es más terrible que el odio. Los viñedos perecían, los campos ardían; y esto era más real que la misma realidad, fue algo alegórico. El poder de la indiferencia, que es mucho peor que lo que llamamos crueldad, simplemente destruyó todas las cosas, todas las cosas divinas y humanas (...). El conflicto de los dioses y los demonios, pareció terminado. Los dioses morían y Roma estaba abandonada, sin nada excepto el honor y la fría bravura de la desesperación.

Cartago no temía a nada en el mundo, excepto a Cartago. La animaba un espíritu, que era muy fuerte en los prósperos Estados comerciales y bien conocido para todos nosotros. Se trataba del frío sentido común y el astuto pragmatismo de los hombres de negocios; el hábito de considerar la opinión de las mejores autoridades, de visión realista, amplia y seria. Roma solo podría contar con esto. Se hizo cada vez más evidente que el fin estaba cerca, y todas las extrañas y débiles esperanzas brillaban en la otra orilla. El sencillo y práctico cartaginés miraba los hechos de frente y veía que Roma estaba a las puertas de la muerte, que moría, que el conflicto terminó y no quedaba esperanza, ¿y quién luchará si no queda esperanza? El tiempo conducía a pensar en asuntos importantes. La guerra cuesta dinero, y probablemente, en lo profundo de sus almas, los hombres de negocios sentían que hacer la guerra es, después de todo, una tontería; y además muy cara. Este tiempo llegó también para la paz; más precisamente, para la economía. Aníbal pidió refuerzos; esto sonó ridículo y se convirtió en anacrónico; asuntos más importantes estaban en juego. La verdad es que, algún cónsul mató al hermano de Aníbal y con irracional crueldad latina arrojó su cuerpo al campamento de Aníbal; pero toda esta clase de acciones idiotas sólo confirmó la perplejidad y desesperación de los latinos. Incluso los romanos no son tan estúpidos, como para permanecer gustosamente fieles a una causa perdida. Así razonaban las mejores autoridades financieras, rechazando todas las nuevas peticiones ansiosas e inoportunas. Desde un estúpido prejuicio, desde la confianza de las comunidades de negocios, esa estupidez es funcional, y la genialidad es estúpida; ellos condenaron a la inanición y la muerte a este gran guerrero, a quien los dioses habían favorecido en vano.

¿Por qué son gente práctica convencida de que el mal siempre triunfa? ¿Quién es inteligente, quién es cruel si hasta un idiota es mejor que una persona inteligente, si es suficientemente cruel? ¿Por qué les parece que el honor es sentimentalismo y el sentimentalismo es debilidad? Porque ellos, como todos, están guiados por su creencia. Para ellos, como para todos los demás, yace en el cimiento de los fundamentos, su vista personal de la naturaleza de las cosas, de la naturaleza de las cosas en las cuales viven ellos; piensan que el miedo guía al mundo y por consiguiente que el corazón del mundo es el mal. Ellos creen que la muerte es más fuerte que la vida, así que lo muerto es más fuerte que lo vivo. Te sorprenderá si digo que la gente que nosotros encontramos en las recepciones y en la mesa del té, son adoradores secretos de Moloch y Baal. Pero precisamente esa gente inteligente y pragmática ve el mundo como Cartago lo veía. Esa simplicidad ruda y evidente a causa de la cual cayó Cartago está en ellos. Cayó porque los hombres de negocios están en un estado de locura que resulta indiferente al verdadero genio. Ellos no creen en el alma y por consiguiente dejan de creer en la mente, son demasiado prácticos para ser buenos; además, ellos no son tan tontos como para creer en espíritu alguno, y ellos niegan lo que cada soldado llama el espíritu del ejército. Parece que para ellos el dinero luchará cuando los hombres no puedan hacerlo más. Precisamente esto ocurrió con los hombres púnicos de negocios. Su religión fue una religión de desesperación, incluso cuando sus asuntos estaban yendo espléndidamente. ¿Cómo podrían entender que los romanos todavía tenían esperanza? Su religión, era una religión de poder y miedo; ¿cómo podrían entender que los hombres desprecian el miedo, incluso cuando están obligados a someterse al poder? En lo profundo del corazón de su percepción del mundo, yace la fatiga; ellos también están cansados de guerras; ¿cómo pueden entender a aquellos que se niegan a detener una batalla perdida? En pocas palabras, ¿cómo pueden entender al hombre, tras tener que postrarse ante cosas que no vieron por mucho tiempo?¿dinero, violencia y dioses tan crueles como bestias? Y aquí las noticias cayeron sobre ellos: La ceniza se reavivó, a lo largo y ancho; Aníbal es aplastado; Aníbal es derribado; Escipión ha llevado la guerra a España; la llevó hasta África. Bajo las puertas de la ciudad dorada, Aníbal luchó hasta su último combate y lo perdió, y Cartago cayó, como ninguna otra ciudad lo había hecho antes, desde el tiempo de Satán. Desde la nueva ciudad, sólo el nombre permaneció; la verdad, para esto otra guerra fue necesaria.Y aquellos que exhumaron esta tierra a lo largo de muchos siglos encontraron pequeños esqueletos, cientos de ellos; lo sagrado permanece la peor de las religiones. Cartago cayó porque fue fiel a su filosofía y la tomó hasta su fin lógico, que afirmó su propia visión del mundo. Moloch había engullido a sus niños.

Los dioses volvieron a la vida de nuevo, los demonios fueron destruidos. Los derrotados les derrotaron; uno puede decir incluso que la muerte los derrotó. No entenderemos las glorias de Roma, su naturaleza, su poder, si olvidamos que en el horror y en la humillación preservó la salud moral, el alma de Europa. Se levantó como la cabeza de un imperio porque permaneció sola en medio de las ruinas. Tras la victoria sobre Cartago, todo el mundo supo, o al menos sintió, que Roma representaba a la humanidad incluso entonces, cuando estaba aislada de ésta. Una sombra fue abatida en la humanidad, y aunque la luz todavía no se había alzado, tampoco el peso de las cosas que vendrían a descansar sobre sus hombros. No nos es dado a nosotros juzgar y adivinar de qué manera o cuando, la bendición del poder de Dios ha salvado a Roma; pero estoy seguro de que todo habría sido diferente si Cristo hubiera nacido en el Imperio Fenicio y no en el Imperio Romano. Debemos estar agradecidos a la paciencia en las guerras púnicas por el hecho de que siglos después el Hijo de Dios vino a los hombres y no a una colmena inhumana. La antigua Europa llevó adelante bastantes de sus desgracias (. . . ) pero la peor fue, sin embargo, la mejor de aquellas de las que fue salvada. ¿Puede un hombre normal comparar una gran muñeca de madera que roba a los niños una parte de su dinero, con un ídolo que come niños?

Los romanos rechazaron postrarse ante cualquier enemigo o rival. Ellos no recordaban las buenas carreteras y la orden de negocio, sino una sonrisa despectiva e insolente. Y ellos odiaron el espíritu del odio que mandaba en Cartago (. . . ). Si después de muchos siglos estamos en algún sentido, en paz con la antigüedad, deberíamos recordar al menos lo que podría haber pasado. Gracias a Roma, su carga es luz para nosotros; y una ninfa en una fuente o cupido en una carta no resultan repulsivos para nosotros. Las risas y el dolor se unen a nosotros con los antiguos; no estamos avergonzados por recordarlos, y con pena vemos el crepúsculo sobre la granja de Sabina, y escuchamos la ufana voz en la casa de los dioses, cuando Catón vuelve a casa en Sirmio: «Cartago está destruida».

En 1991, sucedió algo totalmente contrario a la histórica victoria de Roma sobre Cartago. Hundida en el polvo por más de 2.000 años, la civilización tomó venganza. Esta vez Roma cayó (la Tercera Roma), y Cartago obtuvo una victoria. El transcurso de la historia mundial revirtió su curso. Todas esas crueles palabras que Chesterton dirigió contra Cartago son perfectamente aplicables para aquellos que obtuvieron una victoria en la «Guerra Fría». La civilización de los mercaderes prevaleció sobre la civilización heroica, ascética y espartana. El espíritu pútrido de la plutocracia[57], se demostró más fuerte que los perplejos y confusos «romanos» del socialismo, que habían bajado su guardia. Es importante que Chesterton vincule la victoria de Roma sobre Cartago, incluso con tales eventos únicos para la cristiandad, como el nacimiento de Cristo en el Imperio Romano, en el contexto de la civilización de la Tierra. En el contexto de la civilización del Mar, por esta lógica, sólo el anti-Cristo podría haber nacido.

---

[57]NdT: Plutocracia es el gobierno del dinero, de la riqueza.

# El primer paso del colapso: El debilitamiento de la influencia soviética en el movimiento izquierdista global

El colapso de la URSS transcurrió en unas pocas etapas. La primera etapa estuvo caracterizada por un debilitamiento de la influencia de la URSS en otros países — en África, Latinoamérica, el lejano oriente y Europa occidental (donde bajo la bandera del «eurocomunismo» había iniciado una reorientación de los partidos izquierdistas y comunistas lejos de la Unión Soviética y en dirección a las mezquino-burguesas y únicas realidades políticas europeas). Esto ya empezó en la década de 1970 y alcanzó su apogeo en la década de 1980. Durante este periodo, la campaña de propaganda en relación con la denuncia de las «represiones de Stalin» y el régimen totalitario soviético, alcanza su cumbre, e incluso los círculos políticos izquierdistas prefieren aceptar esta crítica para permanecer en el espacio de la corrección política. En la década de 1980 y especialmente tras la llegada de Gorbachov al poder, Moscú no sólo no intenta oponerse de alguna forma a estas tendencias, sino que las hace suyas y vuelve, gradualmente, a repetir la crítica hacia el Stalinismo, y más tarde del Leninismo, poniendo en duda los fundamentos de la auto-conciencia histórica soviética. En lugar de fortalecer su influencia sobre el movimiento izquierdista mundial, en beneficio de su interés geopolítico, la URSS adopta estos tópicos de la propaganda, que fueron inculcados en este movimiento por los poderes pro-capitalistas y burgueses, interesados en el debilitamiento de la civilización de la Tierra y el fortalecimiento de la civilización del Mar (los EEUU).

Los representantes de la Cuarta Internacional, los trotskistas, jugaron en esto un papel importante. Siendo oponentes radicales de Stalin y su política de construcción del socialismo en un país ya desde las décadas de 1920 y 1930, los Trotskistas hicieron de la URSS su principal enemigo, y en la lucha contra ésta, se unieron en solidaridad con cualquier poder, incluyendo aquellos que ellos consideraban como sus «enemigos de clase». El odio hacia la URSS y Stalin se convirtieron en las principales características del trotskismo y dirigieron a muchos de sus representantes hacia el ámbito liberal, para unirse a las fuerzas atlantistas de mayor coherencia y radicalidad[58]. Al mismo tiempo, precisamente estos grupos, empezando desde la década de 1970, contribuyeron sobre todo a la ruptura de la izquierda internacional y, en primer lugar, de los movimientos comunistas procedentes de la URSS.

Como resultado de estos procesos, fue socavada la red de influencia de la URSS en países localizados fuera del control soviético directo, debilitada y parcialmente apartada al margen del control y la coordinación de Moscú.

En otros casos, se produjo el mismo efecto por las políticas inflexibles de la URSS en relación a varias fuerzas ideológicas en países del tercer mundo (en particular, en África y los países islámicos) donde había una oposición real a la influencia americana y europea occidental, pero donde no existían condiciones previas para un movimiento socialista plenamente desarrollado en la historia. Uno de los ejemplos más claros fue Afganistán, donde la URSS hizo una apuesta solo sobre los comunistas, ignorando a numerosos grupos nacionales y religiosos, que bajo otras condiciones podrían haber sido aliados de la URSS en su rechazo del americanismo y el capitalismo liberal. Así, hacia finales de la década de 1990, la zona exterior de influencia soviética en el mundo, empezó gradualmente a fragmentarse por partes.

Desde un punto de vista geopolítico, esto supuso el minado de la estructura global de influencia del Corazón de la Tierra, que en la época de la «Guerra Fría», consiguió llevar su lucha contra la civilización del Mar hacia la periferia de la tierra firme Euroasiática, o completamente, más allá de sus fronteras.

---

[58] Vemos esto en el destino de un politólogo como J. Burnham y también, incluso de forma más evidente, en la historia de la tendencia ideológica de los contemporáneos neoconservadores americanos, que han evolucionado del trotskismo radical al ultra-liberalismo, imperialismo, y manifiesta hegemonía capitalista.

# La segunda etapa del colapso: El fin del pacto de Varsovia

Las «revoluciones» anti-soviéticas en los países de Europa oriental, concluidas por la disolución del Pacto de Varsovia y la liquidación del grupo socialista, se convirtieron en la segunda etapa. Esto supuso un golpe colosal a lo largo de la zona más próxima de la defensa estratégica de la URSS. La pérdida de Europa oriental fue una pesadilla que atormentó incluso a Stalin y Beria, que habían percibido lo vulnerable de la estructura de las fronteras Europeas. El trayecto que condujo a la rendición de Europa oriental propiciada por Gorbachov, representaba el peor de todos los escenarios posibles. Las tropas soviéticas fueron replegadas de forma apresurada; y en una ola de anti-sovietismo, el espacio vacante fue ocupada rápidamente por las tropas de la OTAN, la ideología burguesa y las economías capitalistas. El Mar se apoderó de aquello que escapó al control de la Tierra. Cartago unió a su zona de influencia los territorios de los que Roma fue expulsada. Mackinder escribió, «quien controla Europa oriental, controla el Corazón de la Tierra; quien controla el Corazón de la Tierra, controla Eurasia; quien controla Eurasia, controla el mundo entero»[59]. Desde 1989 la «civilización del Mar» empezó a controlar Europa oriental. El proyecto de Mackinder, heredado por la siguiente generación de geopolíticos anglo-sajones, desde siempre hasta Z. Brzezinski, fue implementado en la práctica.

Habiendo perdido Europa oriental, la URSS perdió su zona más importante de defensa y recibió un colosal golpe geopolítico. Lo que es más, este golpe no fue compensado por nada y no fue justificado por nada. Los medios de comunicación soviéticos de este periodo, presentaron los sucesos en Europa oriental como «la victoria de la democracia», paralizando en la misma URSS la voluntad para auto-preservación y la sana racionalidad: Nuestra evidente derrota fue retratada como «la victoria del progreso», etc. En tal situación, la culpa, que descansa tanto en Gorbachov personalmente como en su

---

[59]Mackinder J.H. «*Democratic Ideals and Reality*». N.Y.1942.

círculo, hizo madurar todas las condiciones previas para la siguiente etapa a través de esta sucesión de desastres, con la disolución de la propia URSS.

# El tercer paso del colapso: El Comité del Estado en el Estado de Emergencia y el fin de la URSS

Esta disolución fue evidentemente planeada para junio de 1990, cuando la mayoría de las repúblicas soviéticas de la URSS, incluyendo la RSFSR[60], proclamaron su soberanía. Pero si las demás repúblicas soviéticas invierten el concepto de soberanía que reciben como autonomía, en relación al centro de toda la Unión y la posibilidad de moverse hacia la construcción de su propia estatalidad, entonces la soberanía de Rusia tenía un significado más ambiguo, como propuso la autonomía desde el centro del mismo gobierno, el núcleo de lo que Rusia era. Es decir, esto fue una declaración de la liberación de Rusia respecto de sí misma. Este gesto estaba basado en una lucha de política interior entre el liderazgo de la RSFSR, encabezado por B. N. Yeltsin, y el liderazgo de la URSS encabezado por M. S. Gorbachov. Pero el destino del gobierno se puso en juego con esta oposición.

Durante junio de 1991 se hizo evidente que el proceso de las repúblicas soviéticas por hacerse autónomas, estaba ganando impulso, y sus líderes manifestaron la posibilidad de firmar un nuevo tratado de la Unión, que les convertiría esencialmente en gobiernos independientes y soberanos. Usando los mecanismos formales de la constitución de la URSS, los jefes de las repúblicas soviéticas, mientras decidían sus objetivos de política interior, se esforzaban en hacer uso de la debilidad y la ceguera del centro de la Unión en su propio beneficio.

---

[60]NdT: RSFSR es la abreviatura de República Socialista Federativa Soviética de Rusia, que es la denominación oficial de Rusia dentro de la Unión Soviética.

El verano de 1991 transcurrió con la preparación para tal desenlace. Llegó el 19 de agosto de 1991, cuando un grupo de líderes soviéticos de alto rango —el vicepresidente de la URSS, G. I. Yanayev; el ministro de defensa, D. T. Yazov; el director del KGB de la URSS, V. A. Kryuchkov; el ministro de asuntos interiores de la URSS, B. K. Pugo; el primer ministro de la URSS, V. S. Pavlov y otros miembros del gabinete— llevaron a cabo un intento golpe de Estado para evitar la disolución de la URSS. Este hecho pasó a la historia como «el golpe de 1991». Gorbachov fue puesto bajo arresto domiciliario en su finca de Foros en Crimea, donde estaba de vacaciones. El liderazgo de la RSFSR estaba bloqueado en el parlamento («la casa blanca»[61]). Desde un punto de vista geopolítico, el grupo que había realizado el golpe, estaba actuando en beneficio de los intereses del Corazón de la Tierra, e intentó impedir el colapso de la URSS, que estaba volviéndose inevitable durante la implementación de las políticas de Gorbachov y su círculo, y también de Yeltsin, que rivalizaba con él. Gorbachov no hizo ningún esfuerzo efectivo para preservar la URSS, y Yeltsin eliminó todos los bloqueos para conseguir plena totalidad del poder en el país, incluso a costa de su completa fragmentación. En otras palabras, las acciones de los conspiradores estaban geopolíticamente garantizadas y políticamente justificadas. La observación de una serie de catástrofes de la ideología soviética, del sistema gubernamental y geopolítico, y la ausencia de ninguna política efectiva de oposición, en cualquier sentido, desde el ámbito del poder legal, les forzaron a tomar medidas extremas. Sin embargo, los burócratas de alto rango, que habían tomado el poder, carecían de espíritu, mente y voluntad para llevar el asunto iniciado a su desenlace final; dudaron, temían emprender medidas bruscas y represivas contra sus oponentes, y perdieron. Tres días después del 19 de agosto de 1991, se hizo evidente el fracaso del ataque de los conservadores que habían intentado salvar a la URSS. Gorbachov regresó a Moscú, y los conspiradores fueron arrestados. Pero de aquí en adelante el poder de facto en el país y su capital

---

[61]NdT: Alegoría al parlamento de la URSS con el nombre popular por el que se conoce al edificio presidencial de los EEUU localizado en Washington D.C.

fue transferido a las manos de Yeltsin y su círculo, mientras que el papel de Gorbachov permaneció de forma nominal. Para asegurar finalmente su éxito en la lucha por el poder, sólo le quedaba una cosa a Yeltsin por hacer: Defenestrar a Gorbachov de una vez por todas. Para ello era necesario disolver la URSS.

# El tratado de Belovezha (*Belovezhskaia puscha*)

Bajo la influencia de sus consejeros (G. Burbulis, S. Shajrai, S. Stankevich), Yeltsin se lanzó a la consecución de este objetivo. El 8 de diciembre de 1991, en el *Belovezhskaia puscha*[62] fue firmado un acuerdo relativo a la creación de la Comunidad de Estados Independientes (CEI) por los líderes de la RSFSR, la República de Bielorrusia y la República de Ucrania, que significó el final de la existencia de la URSS como un gobierno unificado. Así se derrumbó otra zona geopolítica, construida sobre el discurrir de muchos siglos de historia rusa en torno del núcleo del Corazón de la Tierra.

Este suceso continuó bajo la forma de una serie de aconteci-mientos previos y significó una radical «catástrofe geopolítica» (esta expresión para las características de los sucesos de 1991 fue usada por V. V. Putin). Sin ningún esfuerzo y sin ninguna compensa-ción geopolítica, el gobierno soviético se fragmentó en 15 gobiernos independientes, sin tener, desde ahora, ningún liderazgo único y supranacional. Así terminó su existencia un gobierno que había re-sistido tantos, y tan graves, impactos desde el yugo de la Era de los Problemas a la Revolución de 1917 y la guerra civil. Si en tiempos pretéritos Rusia también soportó pérdidas territoriales, comparables a estas que ocurrieron en 1991, entonces aquellas pérdidas fueron compensadas por adquisiciones inmediatas en otras áreas o alcan-zadas al poco tiempo. Desde Gorbachov y Yeltsin, podemos fijar el

---

[62]NdT: *Belovezhskaia puscha* (Беловежская пуща) —o Bosque de Białowieża— hace referencia al lugar donde se firmó el Tratado de Belovezha, que será explicado a lo largo de este apartado.

inicio de una etapa histórica totalmente nueva, cuando el liderazgo de Rusia no incrementa su territorio o sus zonas de influencia, sino que las reduce; lo que es más, fundamentalmente, a gran escala y de forma irreversible. Cada Zar o Secretario General incrementaron el espacio de la influencia del Corazón de la Tierra. El primero que se desvió de esta tendencia fue Mijaíl Gorbachov, y Boris Yeltsin continuó su política. La estructura creada por el CEI representaba un instrumento de «divorcio de la civilización» y no llevó en sí misma el consejo de un liderazgo general o tipo alguno de potencial integrador.

Así el segundo sueño de Mackinder, que había propuesto la separación del territorio de Rusia en algunos gobiernos, incluyendo aquellos que aparecieron a consecuencia de las reformas de Gorbachov y Yeltsin: Los países bálticos (Estonia, Letonia y Lituania), Bielorrusia, Ucrania, Moldavia, Armenia, Georgia y Azerbaiyán, se llevaron a la práctica. En el mapa de Mackinder, figuraba también Yugorrusia[63] y Daguestán (que incluían todo el Cáucaso norte). Pero en sus principales características, el proyecto talasocrático de la redistribución de la estructura de Rusia a favor del poder del mar, se realizó a través del liderazgo «democrático» de Rusia.

Es importante señalar, que la victoria de la civilización del Mar fue esta vez tan convincente, que no se limitó por el tamaño de nuevos territorios estratégicos conducidos fuera del control de la civilización de la Tierra y colocados bajo el control de la civilización del Mar (los países de la OTAN). Una ideología «del tipo marino», la influencia de Cartago, se extendió también a la misma Rusia, que aceptó enteramente el sistema de valores de los vencedores de la «Guerra Fría». La capitulación geopolítica estuvo acompañada por una capitulación ideológica y de civilización: Democracia burguesa, liberalismo, economía de mercado, parlamentarismo, y una ideología de los derechos humanos, fueron proclamados como los principios dominantes de la «Nueva Rusia». Cartago penetró en el Corazón de la Tierra. Y si llegamos a la consideración de que el profundo significado

---

[63]NdT: Este término se puede traducir al castellano como Yugorrusia o Rusia-del-sur.

que Chesterton dio al resultado de las guerras púnicas, y que yace en la base de las generalizaciones históricas de todo geopolítico, entonces es difícil sobreestimar la importancia de todos estos sucesos geopolíticos. En este periodo, llevó a cabo un golpe colosal contra la civilización de la Tierra (Roma, Esparta, telurocracia), en cuyas consecuencias se predetermina la distribución general de poderes en el mundo que llega hasta el presente.

# El momento unipolar

El colapso de la URSS y de toda la estructura geopolítica soviética planetaria, significó un cambio cardinal de todo el mapa global. Esto representó el fin del sistema de Yalta y del mundo bipolar. En tal situación el Corazón de la Tierra, como núcleo de la civilización de la Tierra, dejó de ser un participante igual (de la mitad) del sistema mundial y perdió claramente sus posiciones. En lugar de un mundo bipolar, empezó la era del mundo unipolar. El analista americano y especialista en la esfera de relaciones internacional Charles Krauthammer, escribió en el influyente periódico americano «*Foreign Affairs*»: «Se sugirió que el viejo mundo bipolar daría origen a un mundo multipolar, con el poder disperso entre nuevos centros en Japón, Europa, China y Rusia. La sugerencia se demostró como errónea. El mundo posterior a la guerra fría no es multipolar. Es unipolar. El centro del poder mundial es la incontestable superpotencia, los EEUU, junto con sus aliados occidentales»[64].

La nueva arquitectura de las relaciones internacionales, construida sobre el dominio único de los EEUU, reemplazó la bipolaridad anterior. Esto significó, en primer lugar, que se preservó la estructura general del mundo bipolar, pero al mismo tiempo se produjo la retirada de uno de sus dos polos. El grupo socialista y su expresión militar-estratégica, el Pacto de Varsovia, se disolvió a finales de la década de 1980; y en 1991 se disolvió la Unión Soviética. Pero al

---

[64]Krauthammer C. «*The unipolar moment*» / *Foreign Affairs. America and the World* 1990/1991.

mismo tiempo, el grupo capitalista, que se agrupaba en tiempos de la «Guerra Fría» en torno a los EEUU, el bloque militar de la OTAN y la ideología capitalista-burguesa (que dominaba en el oeste), se mantuvo por completo. Sin embargo, los líderes soviéticos en la era de Gorbachov, podían haber intentado la presentación de un nuevo sistema de relaciones internacionales «respondiendo a los intereses de la URSS»; un análisis imparcial muestra: El oeste derrotó al este; Los EEUU a la URSS; el sistema capitalista al socialista; la economía de mercado a la economía planificada.

En el mundo de Yalta existían dos pilares en la arquitectura de las relaciones internacionales, con un complicado sistema de controles. En el nuevo mundo unipolar solo quedó una autoridad: Los EEUU y sus aliados. De aquí en adelante, éstos actuaron como fiscales y como jueces, e incluso como ejecutores del castigo en todas las cuestiones planteadas en el contexto internacional. El bloque de la OTAN no se disolvió. Los antiguos países del grupo socialista del este de Europa, y más tarde también los países bálticos, fueron integrados de forma acelerada. La OTAN se expandió hacia el este. Y en el lugar de los sistemas socialistas caídos, no vino una «tercera» cosa (para la que habían esperado los arquitectos de la perestroika), sino el clásico, y a veces bastante basto y brutal, «viejo y buen» capitalismo. Uno de los polos del sistema bipolar simplemente fue eliminado, mientras el otro permaneció en sus características generales como había sido de antemano.

# La geopolítica del mundo unipolar: Centro-Periferia

La geopolítica del mundo unipolar tiene una peculiaridad. El eje oeste-este, que prevaleció en la confrontación ideológica de la era del mundo de Yalta, es reemplazada por el modelo Centro-Periferia. De aquí en adelante, los EEUU y los países de Europa occidental (los miembros de la OTAN) están puestos en el centro del mundo; y en la periferia, todos los demás. La simetría de núcleo/afueras toma el lugar de la simetría polo/polo. El dualismo del mundo de Yalta, concentrado y estrictamente formalizado, tanto geopolítica como ideológicamente, es reemplazado por unos rayos más descentralizados y heterogéneos, que se emiten desde el núcleo de la unipolaridad hacia las afueras globales (antes llamado el tercer mundo). Los vencedores de la «Guerra Fría» se localizan ahora en el centro, en el núcleo. Y alrededor, en círculos concéntricos, todo lo demás es distribuido según el grado de su proximidad estratégica, política, económica y cultural respecto del centro. El círculo colindante prácticamente pertenece al centro: Europa, los países de la OTAN, y Japón. Más lejos, los países con rápido desarrollo capitalista y democrático; en conjunto, los aliados de EEUU, o los neutrales. Y al final, en una órbita distante, los países débilmente desarrollados, ubicados en la primera etapa de modernización y occidentalización, que preservan rasgos arcaicos definitorios, con una economía estancada y una democracia rudimentaria o «conservadora». Tal geometría de la configuración del mundo, toma forma en la década de 1990 en el lugar del sistema de Yalta.

En su libro «*The Triumph of the West*»[65], J. M. Roberts escribió lo siguiente sobre aquello: «El éxito de nuestra civilización (occidental, americana) no puede ser evaluada en términos morales; esta es cuestión de simple efectividad histórica. Casi todos los principios esenciales e ideas que forman el mundo contemporáneo, emergen del oeste. Hoy se extienden a lo largo de todo el mundo, y el resto de civilizaciones se inclinan ante ellos. El reconocimiento de tal estado de cosas, no nos dice nada sobre si es bueno o malo, si uno debería estar encantado o aterrorizado por esto. Simplemente afirmamos que existe una civilización completamente dominante, y que esta es la civilización occidental»[66].

Y entonces: «Dudo que una categoría tan abstracta como civilización pueda ser combinada de forma inteligente con ideas tales como «bueno» y «malo». Pero el hecho es el hecho: Hoy la civilización

---

[65]NdT: «El triunfo del oeste».

[66]Roberts J.M. «*The Triumph of the West: The Origin, Rise, and Legacy of Western Civilization*». Boston: Little Brown, 1985.

occidental obliga a todas las civilizaciones a hacer tales concesiones importantes, en relación a lo que nunca han hecho previamente frente a cualquier otro poder extranjero»[67]. Es importante destacar el trabajo de Roberts, que se esfuerza por separar el hecho y su evaluación moral. La civilización occidental, y de forma correspondiente, la ideología liberal-burguesa, y el sistema de valores, así como el conjunto de normas socio-políticas (democracia parlamentaria, libre mercado, derechos humanos, separación de poderes, independencia de la prensa, etc.), derrotaron a todas las alternativas de civilización a escala planetaria. Solamente permaneció uno de los dos polos geopolíticos, con una modificación del modelo de oposición a lo largo de la simetría del Oeste-Este hacia el modelo del Centro-Periferia, en la esfera de la ideología, en lugar de la competición entre dos paradigmas y sistemas socio-políticos, acabó quedando sólo uno, que adquirió un alcance global. Con respecto a la ideología, puede formularse así: Democracia liberal (el núcleo paradigmático) y todos los demás (la periferia paradigmática).

## La geopolítica de los neoconservadores

La victoria del oeste en la «Guerra Fría», que consistió en la unipolaridad y el triunfo de la civilización occidental, se interpretó de diferentes formas en los mismos EEUU. Nos encontramos con un tipo de interpretación en el movimiento ideológico de los neoconservadores americanos, que está considerada en los EEUU como una escuela conservadora de extrema derecha y son seguidores del filósofo Leo Strauss[68]. Los neoconservadores razonaban en términos de «fuerza», «enemigo», «dominación», y otros conceptos similares. Pero esto significa que para controlar la sociedad, se necesitaba una amenaza externa. Con la desintegración de la Unión Soviética, era necesario reemplazarla enseguida con otro enemigo, que fue el Islam. Los neoconservadores exigen un incremento en el presupuesto militar de

---

[67]Ibid.

[68]Drury Shadia B. «*Leo Strauss and the American Right*». London: Palgrave Macmillian, 1999.

América «para la defensa del papel de América como piedra angular global». La teoría de la primacía de América, no deja opciones a un mundo multipolar. A través del establecimiento duradero de su propia ley a lo largo y ancho del planeta, un poder puede preservar su posición dominante sobre el mundo. Esto se denomina como «hegemonía global», que los mismos neoconservadores proponen llamarla, «hegemonía benevolente»[69].

Los neoconservadores se convirtieron en una fuerza influyente de la vida política americana en la década de 1980, y la culminación de su influencia en la política americana, interior y exterior, fue la elección de George Bush como el presidente más joven de los EEUU en 2000. Los neoconservadores interpretaron el momento unipolar en términos de «imperio». Desde su punto de vista, los EEUU se dirigieron sistemáticamente durante su historia hacia la hegemonía global, y cuando cayó su último competidor global (la URSS y el grupo socialista con ella), alcanzó entonces, el objetivo que fue fijado desde el principio, y recibió en sus manos las riendas del gobierno mundial. En agosto de 1996, los neoconservadores Kristol y Kagan publicaron en la revista «*Foreign Affairs*» un artículo, en el que se decía esto: «Hoy, cuando, es posible, el imperio del mal ya está derrotado, los americanos deben esforzarse en llevar a cabo el mejor liderazgo americano, en la medida en que nunca antes América tuvo una oportunidad dorada para propagar la democracia y el libre mercado más allá de sus fronteras. La posición anterior de los americanos nunca fue tan excelente y propicia como lo es hoy. Así, el objetivo correspondiente de los Estados Unidos debe ser la defensa de su superioridad, para la mayor parte de todos sus poderes, y sobre el curso del periodo más largo posible»[70].

Uno de los teóricos del neoconservadurismo, Laurence Vance, escribió sobre esto: «Nada, sin embargo, se compara con el imperio global americano. Lo que hace única a la hegemonía americana es

---

[69]Dorrien G. «*Benevolent Global Hegemony: William Kristol and the Politics of American Empire*». — www.logosjournal.com — URL: http://www.logo sjournal.com/dorrien.html (accedido el 03/11/2011).

[70]Kristol, William; Kagan, Robert. «*The Tepid Consensus*». *Foreign Affairs*, julio/agosto 1996.

que su poder consiste, no sólo en el control sobre grandes áreas continentales o centros de concentración de habitantes, sino también, en una presencia global, así opuesta a cualquier otro imperio en la historia. El imperio global americano es un imperio del que Alejandro Magno, César Augusto, Gengis Khan, Suleiman el grande, Justiniano, y el rey Jorge V habrían estado orgullosos»[71]. La comprensión de una nueva arquitectura del mundo, y del sistema de relaciones internacionales en términos de un imperio americano global y planetario, no podría fracasar para influir en los métodos de implementación de los planes estratégicos americanos. Intoxicados por la victoria, los americanos a veces empezaban a comportarse de forma brusca. Los neoconservadores elogiaban abiertamente la hegemonía americana. Elevaron la ideología capitalista americana al estatus de dogma indiscutible, y proclamaron la supremacía americana y de su imperio, como el mejor y más apropiado de los sistemas políticos y el acuerdo óptimo de un nuevo sistema de relaciones internacionales.

Los neoconservadores dotaron a la política americana de la década de 1990 de un estilo más agresivo. Identificando los intereses nacionales de los EEUU con «lo bueno» para toda la humanidad, dieron lugar a una fuerte oposición y a la ola de protestas tanto en América[72] como en otras partes del mundo.

# La doctrina Kozyrev

El rápido colapso del sistema soviético y la profunda penetración de tendencias talasocráticas en la misma Rusia, ejercieron una influencia colosal en la estructura del mundo. En los primeros años de la administración de Boris Yeltsin (1991-1993), todos los procesos políticos dentro de la Federación de Rusia procedían del espíritu talasocrático. En este periodo, en política exterior, se mantuvo la denominada «doctrina Kozyrev», así llamada por el apellido del

---

[71]Vance Laurence M. «*The Burden of Empire*». NY: Vance Publications, 2004.
[72]Drury Shadia B. «*Leo Strauss and the American Right*». Op. Cit.

ministro de asuntos exteriores en la administración de Yeltsin.

La «doctrina Kozyrev» sostenía que la unipolaridad era un hecho consumado, que la dominación de los EEUU en el mundo debería ser reconocida como un regalo, y bajo tales condiciones a Rusia sólo una cosa le queda por hacer (como el Estado de mayor peso en todo el conjunto del espacio post-soviético): Integrarse en el mundo centrado en el oeste, ocupando en él una influencia máxima y un lugar importante, hasta el límite que permitiesen los recursos económicos, estratégicos y sociales de la Federación de Rusia. Tal reconocimiento se acompañaba por la aprobación moral del fin del mundo bipolar, y por una resuelta condena de la bipolaridad precedente y al mismo tiempo de toda la ideología, política y geopolítica del periodo soviético. Kozyrev admitió: en la «Guerra Fría», el oeste no ganó simplemente por la fuerza, habiéndose probado más estable y poderoso, sino también por derecho histórico. Y solamente queda para Rusia el reconocimiento de este derecho del victorioso, y participar solidariamente con él, en los negocios y en la moral.

En la práctica esto significó el reconocimiento y la legitimación de la visión americana del mundo, y el consentimiento en la construcción de la política exterior de Rusia en correspondencia con la política estratégica general de los EEUU, adaptándola a los EEUU y solamente desde éstos, podría perseguir sus propios intereses nacionales. Kozyrev aceptó las reglas del juego del mundo unipolar como adecuadas, y proceden de estas, cuando se establecen las prioridades y los objetivos de la política exterior de Rusia. En relación con el espacio post-soviético, él proponía la renuncia de Moscú a cualquier tipo de esfuerzo para restablecer su influencia en países vecinos, y moverse hacia una forma de relaciones bilaterales con ellas, apoyar el movimiento individual de los países de la CEI hacia una integración gradual en el oeste y el mundo global. Tal actitud hacia los EEUU y el oeste, que se mantuvo en Rusia a principios de la década de 1990, y significó la capitulación directa ante el adversario, así como el reconocimiento de su derecho y su victoria (fáctica y moralmente). En cierto sentido, esto significó el principio del establecimiento del control extranjero del país por los representantes del polo que se había convertido en único, y para entonces global. En la primera administración de Yeltsin con Yegor Gaidar, en la que el reformista occidental Anatoly Chubais jugó un papel activo, los reformistas económicos estaban encabezados por un grupo de expertos americanos (bajo el liderazgo de Jeffrey Sachs[73]), que había insistido en la terapia de choque y la transferencia acelerada de toda la economía de Rusia al ferrocarril ultraliberal. Esto condujo a consecuencias catastróficas: El empobrecimiento de la población, la devaluación de la economía, la caída total de la industria, la privatización de las empresas rentables fundamentales, y el ascenso de grupos enteros de nuevos oligarcas, que habían tomado posiciones clave en el país a través de métodos ilegales.

Desde un punto de vista geopolítico, este periodo se puede pensar como las inundaciones de la Tierra, el establecimiento del control directo sobre el Corazón de la Tierra por el poder del Mar. Este fue un tiempo de éxito sin precedentes para los atlantistas; no sólo rodearon a Rusia con un denso anillo de Estados leales a la civilización del Mar, sino que también penetraron muy profundamente en el país, habiendo extendido su red en la mayoría de importantes estructuras administrativas, políticas, económicas, de medios de comunicación, información e incluso militares (corrompidas por los oligarcas, o directamente infiltradas por los agentes atlantistas de influencia con la aprobación favorable de los reformistas demócratas en el poder).

# Los contornos del colapso de Rusia

Yeltsin llegó al poder en medio de una oleada de intentos patrocinados por varios grupos pertenecientes a altas instancias administrativas, dentro de la misma Rusia, con el fin de obtener autonomía. Así, las antiguas repúblicas autónomas recibieron automáticamente el estatus de repúblicas nacionales tras la declaración de soberanía de la RSFSR, y estas se apresuraron a promulgar en sus consti-

---

[73]Poltoranin M.N. «*Authority in the TNT Equivalent. The Heritage of Czar Boris*». M. Eksmo: Algorithm, 2010.

tuciones una cláusula sobre su soberanía, repitiendo la lógica de la URSS, y evidentemente, era la última etapa para declarar su salida de la federación de Rusia, tan pronto como se presentase una buena oportunidad para irse. En esta batalla con Gorbachov y su intento de tomar y asegurar poder, Yeltsin no sólo era partidario de estas posturas, sino que también contribuyó activamente a este mismo proceso. Su frase, pronunciada el 6 de agosto de 1990 en Ufá, entró en la historia: «Toma tanta soberanía como puedas tragar». Esta sentencia era clara e inequívoca, y ya desde la década de 1990, las repúblicas nacionales que componían la RSFSR y más tarde la Federación de Rusia, empezaron a llenar precipitadamente las declaraciones de soberanía con contenido real. Esencialmente, tuvo lugar una compleja construcción de la estatalidad y autonomía nacional, con todos sus signos característicos: Un lenguaje nacional propio, un programa educativo, independencia económica, autonomía política etc. Unas pocas repúblicas, prescribieron en sus normas constitucionales que, además de soberanía, contenían todos los atributos de un gobierno independiente. Este fue el caso de Tartaristán, Baskiria, Komi, Yakutia (Sajá), Chechenia, y otras tantas. En particular, en la Constitución de la República de Sajá, adoptada el 27 de abril de 1992, esta república se declaró como «un gobierno soberano, democrático y de Derecho, fundado sobre el derecho del pueblo a la auto-determinación». La Constitución incluía todo los atributos de un gobierno soberano: Un lenguaje nacional, la introducción de una moneda nacional, una tesorería que provee a su comercio, y a su propio ejército; y también se proporcionaron los requerimientos de visado para ciudadanos de otros territorios de la Federación de Rusia. Las constituciones de algunas otras repúblicas fueron creadas bajo el mismo espíritu.

La tendencia general desde finales de la década de 1990, consistió en el incremento del alcance de estas declaraciones de soberanía, y la insistencia en que el centro federal lo respetase.

La política interior de la Federación de Rusia se organizó en este sentido: Los contornos que fueron impuestos por R. Abdulatipov[74] y

---

[74] Abdulatipov R. «*Federology*». SPB, Peter. 2004.

V. Tishkov[75] entre otros, justificaron la necesidad de una transición desde un sistema federal a una confederación y más allá, hasta una completa separación de las repúblicas nacionales (o al menos, algunas de ellas) en gobiernos independientes.

Así, la última parte del plan de Mackinder concerniente a la partición de Rusia, que proponía la separación del norte del Cáucaso (Daguestán) y Yugorrusia, se convirtió en una realidad total durante este periodo.

El mismo Mackinder designaba a Siberia oriental con un término especial «Lenaland»[76] y no la excluía de su integración en la zona de influencia de los EEUU[77]. También mencionó de pasada, la creación en la región del Volga de algunos gobiernos independientes. Más tarde, el geopolítico de origen americano Zbigniew Brzezinski expuso planes análogos para la desmembración de Rusia en sus trabajos, publicados en «*Foreign Affairs*»[78]. Tras el colapso de los contornos exteriores del Corazón de la Tierra a principios de la década de 1990, llegó evidentemente, el turno de la misma Federación de Rusia. Al mismo tiempo, los representantes de los demócratas reformistas, en el poder durante esta época, mantuvieron una actitud favorable hacia estos procesos en su conjunto, encabezando incluso sus políticas interiores de acuerdo con los intereses de la civilización del Mar.

# El establecimiento de una escuela rusa de geopolítica

Después de 1991, y con el fin de la URSS, empieza a desarrollarse en Rusia una escuela de geopolítica de Rusia. Se publican los primeros textos geopolíticos («Continente Rusia», «La subconsciencia de

---

[75]Tishkov V. «*On Nations and Nationalism*». *Free Thought*, 1996. Nº3.

[76]NdT: El rio Lena es más importante de Siberia oriental, de ahí esta denominación como «Las Tierras del Lena».

[77]Mackinder H.J. «*The Round World and the Winning of the Peace*». *Foreign Affairs*. 1943, nº21.

[78]Brzezinski Zbigniew. «*A Geostrategy for Eurasia*». *Foreign Affairs*. Septiembre/Octubre 1997.

Eurasia», etc.). En 1991, en el periódico «Día», se publica el trabajo «La gran guerra de los continentes», donde se asientan los principios del método geopolítico en forma periodística. Desde 1992, comienza a publicarse regularmente la revista teórica «Elementos», que contiene la sección «notas geopolíticas», y da a conocer los trabajos de los clásicos geopolíticos y comentarios geopolíticos de actualidad. Así, toma forma una escuela geopolítica de Rusia plenamente desarrollada, de orientación neo-eurasianista, que continúa las tradiciones de los eslavófilos, eurasianistas y otros geopolíticos rusos, pero tomando en cuenta los importantes trabajos preliminares en esta esfera, que se hicieron en el transcurso de todo el siglo XX, tanto en la escuela anglo-sajona, como en la escuela alemana, y también en Francia desde la década de 1970 (la escuela de Yves Lacoste).

En este mismo periodo, los prominentes geopolíticos europeos Jean Thiriart, Alain de Benoist, Robert Steuckers, Carlo Terracciano y Claudio Mutti, entre otros, visitan Rusia, pronuncian conferencias, imparten seminarios, familiarizan al público de la Federación de Rusia con los principios del método geopolítico y la terminología geopolítica. La situación histórica permite el resumen de la experiencia histórica en el desarrollo de esta disciplina, y el establecimiento de los fundamentos de una escuela geopolítica plenamente desarrollada. A principios de la década de 1990, empieza la instrucción sobre geopolítica en la academia militar de los Generales de la Federación de Rusia (bajo el liderazgo del futuro Ministro de Defensa, I. Rodionov, en el departamento de estrategia, encabezado en esta época por el Teniente-General H. P. Kolokotov[79]), donde también se constituye el desarrollo de los principios, publicados poco después en el libro de texto de educación básica, «Fundamentos de Geopolítica»[80].

Hacia 1993, las nociones básicas de geopolítica y eurasianismo se convierten en bien conocidas para un cierto grupo de científicos políticos, estrategas y analistas militares, y en fechas posteriores, la importancia del análisis geopolítico del desarrollo de los aconteci-

---

[79]Kolokotov N.P., Popov. «Problemas de estrategia y el arte operativo». M: Academia militar de los generales de las fuerzas armadas, 1993.

[80]Duguin, A.G. «Fundamentos de Geopolítica». M: Arctogaia-centre, 2000.

mientos, se convierte en una parte integral de la interpretación del momento histórico en que se encuentra la misma Rusia. El carácter específico del método geopolítico es responsable del hecho de que esta disciplina, reciba al principio su difusión en círculos de orientación patriótica, y en oposición al régimen gobernante de Yeltsin y los «jóvenes-reformistas», lo que le da un cierto compromiso político, desde el cual, a tal propósito, todas las generaciones anteriores de geopolíticos que habían formulado sus visiones con una simultánea participación activa en los muy profundos procesos históricos, que nunca abandonaron ni se esforzaron en hacerlo.

# La geopolítica de la crisis política de octubre de 1993

Las posiciones dentro del liderazgo de Rusia estaban claramente divididas en 1993. Parte del liderazgo político, en particular del Vicepresidente A. Rutskoy; el Presidente del Consejo Supremo[81] de la RSFSR, R. Jasbulatov, y la mayoría de diputados que habían sido partidarios de Yeltsin en 1991, pero que estaban decepcionados por sus últimas políticas, se pasaron a la oposición frente al rumbo tomado por Yeltsin, y que pasaron a ser sus adversarios. Esta división tenía algunas bases geopolíticas, además de ser momentos personales en el destino de estos o aquellos actores políticos. En torno a Yeltsin se formó un núcleo desde el grupo de jóvenes-reformistas de orientación ultraliberal (Y. Gaidar, A. Chubais, B. Nemtsov, I. Jakamada, A. Kozyrev, etc.) y oligarcas (B. Berezovsky, V. Gusinsky, etc.). Estos apremiaban a Yelstin para que estrechase relaciones con los EEUU y el oeste, para la ejecución de la geopolítica atlantista y su completo cumplimiento, en todos los sentidos, con las directivas que venían de la civilización del Mar. En política exterior, esto se expresó en el apoyo incondicional de todos los proyectos americanos («la doctrina

---

[81]NdT: Recordando que, Soviet en ruso significa Consejo en castellano. De modo que entiendo más correcto traducirlo por Consejo supremo que traducirlo por Soviet supremo.

Kozyrev»), y en lo económico, con la implementación de reformas ultraliberales y el monetarismo[82] (Y. Gaidar, A. Chubais).

En política interior, se expresó mediante la democratización, occidentalización, y la liquidación de las instituciones socialistas orientadas a lo social. En la cuestión de las repúblicas nacionales, se expresó con una actitud favorable hacia el fortalecimiento de su soberanía. En todos los sentidos, el núcleo que se había concentrado en torno a Yeltsin le estaba impulsando a continuar el movimiento en esta dirección, estaba marcado por todo el conjunto de rasgos de la geopolítica atlantista, y era un ataque representativo de la talasocracia en la política (tanto interior como exterior) y en la esfera de los valores pragmáticos. El modelo general de mando fue oligárquico, y representaba los intereses de algunos influyentes clanes oligárquicos, que habían discutido entre ellos acerca de la influencia sobre una miope «monarquía democrática», arruinándose rápidamente a sí mismo con la bebida y la falta de comprensión respecto a la situación. De esta manera, la crisis de 1993 tenía una focalización geopolítica: En el lado de Yeltsin estaban los agentes de influencia de la civilización del Mar; en el lado de la oposición (Consejo Supremo) estaban los partidarios de la civilización de la Tierra.

Los momentos más dramáticos de esta confrontación en el marco de la política interior, fueron los sucesos de septiembre-octubre de 1993, que acabaron en el bombardeo del Consejo Supremo del 4 de octubre por las unidades militares fieles a Yeltsin. Esencialmente, esto fue un breve destello de guerra civil, donde colisionaron dos fuerzas geopolíticas: Los partidarios de la civilización del Mar y el control extranjero (el grupo de Yeltsin y los jóvenes-reformistas), contra los partidarios de la civilización de la Tierra, la restauración de la soberanía de Rusia, la preservación de su integridad, y un retorno al modelo de valores telurocrático (los partidarios del Consejo Supremo). Como es bien sabido, los primeros obtuvieron una victoria sobre los segundos. En el curso de la dramática oposición y la amarga

---

[82]NdT: El monetarismo es una teoría económica muy famosa en EEUU desde la década de 1970.

resistencia, las fuerzas armadas, bajo el control de Yeltsin, tomaron por asalto el edificio del Consejo Supremo, aplastando el poder de sus defensores, desmantelando el parlamento y arrestando a las principales personalidades de la oposición.

Los adversarios de Yeltsin representaban varias tendencias políticas e ideológicas: Tanto comunistas desde la izquierda como nacionalistas desde la derecha, y también un importante flanco de demócratas decepcionados con Yeltsin. Estaban ahí, todos unidos por el rechazo a la dirección política principal y, en consecuencia, contra el atlantismo. El periódico «Día» se convirtió en el centro ideológico de la oposición, publicado por el publicista patriota Aleksandr Projanov. Es revelador, que de un modo u otro, todas las figuras más importantes de la oposición anti-Yeltsin, hablaran a favor del Eurasianismo en 1993: R. Jasbulatov; el Presidente del Tribunal Constitucional, V. Zorkin; el Vicepresidente A. Rutskoy, por no decir de los opositores más radicales de Yeltsin: Comunistas, Nacionalistas y partidarios de la monarquía Ortodoxa.

# El cambio de la visión de Yeltsin tras el conflicto con el parlamento

Tras aquel resultado, que trajo una victoria para Yeltsin y su círculo, decisiva para su poder, se tomaron medidas para otorgar a los últimos acontecimientos gubernamentales una cierta legitimidad. Se adoptó rápidamente una constitución copiada de los modelos occidentales, y las elecciones se desarrollaron bajo la estricta supervisión de las autoridades en la Duma Estatal. Pero a pesar de sus esfuerzos, las autoridades no recibieron un gran apoyo de la población, que prestó su voz a los populistas con retórica patriótica y nacional, como fue el caso de V. Zhirinovsky, e incluso al aún más opositor anti-liberal, el líder del partido comunista de la federación de Rusia, G. Zyuganov. La posición de Yeltsin y sus partidarios en este momento fue tal, que teóricamente podrían llevar a cabo cualquier política que quisieran, incluyendo también, hacerse con la oposición finalmente, que había sufrido una aplastante derrota y perdió la voluntad para resistir así como de hacerse con sus líderes (que fueron arrestados o que traicionaron la fe depositada por sus seguidores). A pesar del hecho de que la oposición integraba, una vez más, a la mayoría electa en la Duma, la nueva Constitución, que había asegurado el modelo de una república presidencial y daba al presidente un poder extraordinario, permitió a las autoridades gubernamentales implementar prácticamente cualquier política sin tener que consensuarlo con nadie.

En este momento, sin embargo, Boris Yeltsin toma una decisión, cuyo significado contribuyó a lo siguiente: No forzar más la orientación anterior, no acabar con la oposición (sus líderes son rápidamente liberados bajo una amnistía) y corregir el rumbo pro-occidental, al mismo tiempo que se pone freno a la caída de la misma Rusia. Es difícil identificar inequívocamente aquello que motivó esta decisión. Es posible que uno de los factores fuera la mayor influencia de actores poderosos cercanos a Yeltsin (A. Korzhakov, M. Barsukov) cuya importancia creció en el periodo crítico de la operación militar contra el parlamento en octubre de 1993, y que diferían particularmente por sus visiones vagamente patrióticas del mundo (bastante extendidas entre los servicios especiales de Rusia por tradición, enraizada en la historia de la URSS). En cualquier caso, Yeltsin, tras su victoria sobre la oposición, decide corregir sus reformas. Los cambios de personal son muy importantes: En el lugar del ultra-liberal occidentalista Y. Gaidar, es designado el pragmático «director rojo» V. Chernomydrin; en el puesto del atlantista A. Kozyrev, es nombrado el «patriota» moderado, cauteloso «Eurasianista» Y. Primakov, un especialista en el este, y oficial de inteligencia exterior.

La «doctrina Primakov», como oposición a la «doctrina Kozyrev», consistió en intentar —bajo las condiciones del mundo unipolar del que se reconoce su importancia— la defensa de los intereses nacionales de Rusia en la medida de lo posible, para preservar los lazos con los tradicionales aliados y salir sigilosamente bajo el control del dictado americano. Este fue un importante contraste, en comparación con la posición inequívocamente atlantista de Kozyrev.

Todo esto, sin embargo, no significa que Yeltsin rechazara su antiguo rumbo por completo. Esta orientación continuó, y muchas figuras clave para la ejecución de la línea atlantista en la política rusa, permanecieron en sus posiciones y conservaron su influencia; también, importantes resortes del poder se mantuvieron en manos de oligarcas. Pero el ritmo de las reformas atlantistas se ralentizó sustancialmente, y Yeltsin empezó a frenar las reformas en este sentido, dejando de acelerarlas.

El momento crítico fue la campaña chechena.

# La primera campaña chechena

En el marco del proceso general de toma de soberanía por parte de las repúblicas nacionales a principios de la década de 1990, se activaron varios movimientos nacionalistas en Chechenia-Ingusetia, uno de los cuales fue el «Congreso de Todas las Naciones del Pueblo Checheno», creado en 1990, que tenía como objetivo la salida de Chechenia de la composición de la URSS y el establecimiento de un Estado independiente checheno. Un antiguo general soviético de las fuerzas aéreas, Dzhojar Dudáyev, estaba en su dirección. El 8 de junio de 1991, en la segunda sesión, Dudáyev, el líder nacional de la república chechena, proclamó la independencia de la república chechena de Ichkeria. Tras la derrota del Comité del Estado en el estado de emergencia, Dudáyev y sus partidarios ocuparon el edificio del Consejo Supremo en Chechenia, y tras la caída de la URSS, Dudáyev anunció la salida de Chechenia como parte de la Federación de Rusia. Lo separatistas realizan unas elecciones, que Dudáyev gana, pero Moscú no le reconoce. Ahí empieza, esencialmente, una confrontación armada y la creación acelerada, por parte de los separatistas, de sus propias fuerzas armadas. Al mismo tiempo, en el espíritu de orientación general de los reformistas demócratas a favor de la adquisición de soberanía, ocurren cosas bastante extrañas: En junio de 1992 el ministro de defensa de la Federación de Rusia, Pável Grachov, dio órdenes de entregar a los partidarios de Dudáyev la mitad de todas las armas y municiones de la República. No podemos excluir el componente de la corrupción, que había estado del todo presente en el espíritu de los procesos sociales y económicos de este tiempo.

La victoria de los separatistas en Grozni condujo al colapso de la república socialista soviética autónoma Checheno-Inguseta, y a la declaración de una república de Ingusetia separada, dentro de la estructura de Rusia. En este periodo, Chechenia se convirtió en independiente *de facto*, pero *de iure*[83] era un gobierno no reconocido por ningún país. La República tenía los símbolos de un Estado: Una bandera, un escudo de armas, y un himno; y también tenía los órganos de poder: Presidente, Parlamento y Tribunales. Incluso después de que Dudáyev dejara de pagar impuestos para el presupuesto general, y prohibiera a los empleados de los servicios especiales de Rusia entrar en la república, el centro federal continuaba transfiriendo fondos económicos del presupuesto a Chechenia. En 1993, 11.5 billones de rublos fueron destinados a Chechenia. El petróleo de Rusia siguió entrando en Chechenia hasta 1994; y del mismo modo que no pagaban por ello, lo vendían después en el extranjero. Estos procesos encajan muy bien en la lógica de principios de la década de 1990. La preparación para la salida de Rusia de una de sus repúblicas correspondía al plan de los atlantistas y los directores de su influencia en el liderazgo de Rusia, y explicaba el hecho de que muchos poderes políticos e influyentes medios de comunicación (que pertenecen a oligarcas) en efecto, o bien cerraban sus ojos ante lo que estaba ocurriendo, o bien apoyaban al régimen checheno como precedente para otras repúblicas nacionales. Así, se empezó a implementar la última parte del plan de Mackinder: La fragmentación de Rusia y la creación en el Cáucaso norte de un Estado independiente de Moscú. Esto también despertó el apoyo de los separatistas chechenos por el oeste y de un grupo de regímenes pro-occidentales del mundo árabe. A partir del verano de 1994, empezaron las operaciones de combate entre las tropas leales a Dudáyev y fuerzas del opositor

---

[83]NdT: *De iure* es una expresión latina que significa «de derecho», «jurídicamente», y hace referencia a la pertenencia legalmente de un territorio dentro de un Estado. Por el contrario, *de facto* es otra expresión latina que significa «de hecho», «fácticamente», haciendo referencia al estado real de una cosa, que en este caso es la pertenencia de un territorio a un Estado.

Consejo provisional, que había tomado una posición pro-rusa. Hacia el invierno de ese mismo año se vio claramente que la oposición no tenía fuerza para vencer a los separatistas, y el 1 de diciembre la fuerza aérea de Rusia atacó los aeródromos de Kalinovskaia y Jankala y puso fuera de combate a todas las aeronaves que estaban bajo control de los separatistas. El 11 de diciembre de 1994, el presidente de la Federación de Rusia, Boris Yeltsin, firmó el decreto número 2169 «Sobre las medidas para asegurar la ley, el orden y la seguridad general en los territorios de la república chechena». Tras esto, comenzó la entrada de tropas federales. En las primeras semanas de guerra, las tropas de Rusia fueron capaces de ocupar las regiones norteñas de Chechenia, prácticamente sin resistencia. El 31 de diciembre de 1994, empezó el asalto a Grozni. Esta operación derivó en pérdidas colosales para las fuerzas federales y no duró unos días, como estaba planeado inicialmente, sino unos meses; sólo el 6 de marzo de 1995 se retiró la tropa de militantes del comandante de campo checheno Shamil Basayev desde Chernorech'ye, la última región de Grozni controlada por separatistas. Sólo entonces la ciudad pasó a estar finalmente bajo control de las fuerzas de Rusia.

Tras el asalto sobre Grozni, la tarea principal de las tropas de Rusia fue el establecimiento del control sobre las regiones llanas de la república rebelde. En abril de 1995, las tropas ocupaban casi todo el territorio llano de Chechenia, mientras que los separatistas apostaron por operaciones de guerrilla subversiva.

El 14 de junio de 1995, un grupo de combatientes chechenos, con hasta 195 combatientes, bajo el mando del comandante de campo Shamil Basayev, marcharon hacia el territorio del Krai de Stavropol en camiones y ocuparon el hospital de Budyonnovsk, tomando rehenes. Tras el acto terrorista en Budyonnovsk, del 19 al 22 de junio, tuvo lugar la primera ronda de conversaciones en Grozni entre el lado de la Federación de Rusia y el lado Checheno, durante las cuales se tuvo éxito al alcanzar un acuerdo sobre una moratoria en las operaciones militares por un periodo indefinido que, en general, no fue cumplida. El 9 de enero de 1996, un contingente de 256 combatientes bajo el mando de los comandantes de campo,

Salman Raduyev, Turpal-Ali Atgeriyev y Junkar-Pasha Israpilov, ejecutaron una incursión sobre la ciudad de Kizlyar, donde los terroristas destruyeron un grupo de objetivos militares, y tomando entonces el hospital y la casa de maternidad.

El 6 de marzo de 1996 unos pocos contingentes de combatientes atacaron Grozni desde varias direcciones, que entonces estaba ocupada por tropas de Rusia, pero fueron incapaces de tomarla. El 21 de abril de 1996, las tropas federales tuvieron éxito al eliminar a Dzhojar Dudáyev mediante un ataque de misil.

El 6 de agosto de 1996 contingentes de separatistas chechenos atacaron Grozni de nuevo. La guarnición de Rusia no pudo mantener la ciudad. Simultáneamente con el asalto sobre Grozni, los separatistas también tomaron las ciudades de Gudermes y Argun.

El 31 de agosto de 1996, se firmaron los acuerdos de tregua en la ciudad de Jasaviurt por los representantes de Rusia (Aleksandr Lebed, Director del Consejo de Seguridad) e Ichkeria (Aslan Masjádov). En base a estos acuerdos, las tropas de Rusia abandonarían totalmente Chechenia, y la determinación del estatus de la República fue pospuesto hasta el 31 de diciembre de 2001. Esencialmente, esto significó la capitulación de Moscú ante los separatistas. La autoridad federal dio la imagen de que no podría resolverse la situación por la fuerza y que estaba obligada a plegarse ante los objetivos de los terroristas.

Desde el momento en que fue concluido el tratado de Jasaviurt hasta el principio de la segunda campaña de Chechenia en 1999, Chechenia existió por segunda vez, en el marco de un gobierno prácticamente autónomo no dirigido desde Moscú.

Es importante enfatizar, que las fuerzas liberales-demócratas más coherentes en la misma Rusia y en los medios de comunicación bajo su control, ocuparon una posición ambigua en el transcurso de toda la campaña chechena, a menudo mostrando a los separatistas de una forma positiva, como «luchadores por la libertad», y a las tropas federales como «colonialistas rusos». Burócratas corruptos, ciertos comandantes y clanes oligárquicos trabajaron de cerca con los separatistas y la red criminal de la diáspora chechena dentro de la misma Rusia, con el fin de obtener ganancias materiales y financieras a costa de sangrientas tragedias. Con bastante frecuencia, esto trajo un daño irreparable a las operaciones militares. En cualquier momento, podía venir una orden desde el centro, para detener una operación exitosa cuando se empezaba a volver peligrosa para los combatientes. Al mismo tiempo, el oeste prestó un activo apoyo político y social a los separatistas. Un grupo de mercenarios de los países árabes, como después se descubrió, eran empleados regulares de la CIA o del británico MI6[84].

Desde un punto de vista geopolítico, esto es totalmente natural: La secesión de Chechenia y la formación en su territorio de un gobierno independiente de Moscú, habría significado un paso hacia la etapa final del plan atlantista para la fragmentación de Rusia y la formación en su territorio de gobiernos nuevos e independientes (siguiendo el modelo del colapso de la URSS). Chechenia fue la prueba de fuego para todos los demás separatistas potenciales. Y el destino de Rusia —más precisamente de lo que quedaba de ella— dependió directamente del destino de la campaña chechena. De hecho, al principio de la campaña de Chechenia, vemos la escasa voluntad de Yeltsin para impedir la desintegración de Rusia. Y aunque esta campaña fue muy mal conducida, sin capacidad resolutiva ni planificación, con considerables pérdidas humanas, a menudo en vano, y en ambos lados; el hecho importante es que Moscú resistió la desintegración, y esto tuvo una tremenda importancia. En este momento, muchos de los partidarios de Yeltsin desde el grupo de los atlantistas se movieron hacia su oposición, dado que estaban insatisfechos porque él no estaba llevando a cabo el plan general de la civilización del Mar, o al menos, estaba ralentizando su realización. Hacia 1996, esta oposición se convirtió en bastante influyente, y sólo los esfuerzos del bien conocido ingeniero político S. Kurguinian, que trabaja de cerca con B. Berezovky y V. Gusinsky, conducen al resultado de que los oligarcas acaben pactando entre ellos para un

---

[84]Collins Aukai. «*My Jihad: An American Mujahid's Amazing Experiences in the World of Jihad, Osama Bin Laden's Camps and the CIA*». NY: Lyons Press, 2002.

apoyo «condicional» a Yeltsin en las elecciones; a causa de su miedo ante la posible, y bajo esa extensión de fuerzas, más que probable victoria del candidato del partido comunista de la federación de Rusia, G. Zuganov. Este fenómeno es conocido como «el Reino de los siete banqueros»[85] por una analogía con el «Reino de los siete boyardos»[86], una época de disturbios rusos a principios del siglo XVII. En cualquier caso, Yeltsin no se alineó totalmente con los atlantistas. Pero en la víspera de las elecciones presidenciales de 1996, Yeltsin hace de nuevo un giro brusco, despide de sus puestos a los miembros patrióticos de los altos cargos (A. Korzhakov, M. Barsukov, etc.), y designa al atlantista y ultra liberal A. Chubais en su lugar. Como consecuencia de su gestión, el tratado de Jasaviurt acabó invalidándose rápidamente y, consecuentemente, convirtió en estériles todas las pérdidas sufridas durante los años de la primera campaña de Chechenia y la situación volvió a su fase inicial. Los separatistas controlaban de nuevo Grozni y la mayor parte de Chechenia, que había sido ganada por las tropas federales con grandes esfuerzos y con demasiada sangre. Y de aquí en adelante ellos tenían todo el espacio para esperar, que bajo la presión del oeste, Moscú se viese forzada tras algún tiempo, a reconocer la independencia de la república rebelde. Esto habría significado el fin de Rusia.

# Los resultados geopolíticos de la administración de Yeltsin

Deberemos describir brevemente las principales consecuencias geopolíticas del mandato de Boris Yeltsin, el primer presidente de la

---

[85]Boris Berezovky (LogoVaz), Mijaíl Jodorkovski (Rosprom Group, Menatep), Mijaíl Fridman (Alfa Group), Piotr Aven (Alfa Group), Vladimir Gusinsky (Most Group), Vladimir Potanin (UNEXIM Bank), Aleksandr Smolensky (SBS-Agro, Bank Stolichny). El término «Reino de los siete banqueros» fue acuñado por el periodista A. Fadin en: Fadin A. «*The Reign of the Seven Bankers as a new-Russian Variant of the Reign of the Seven Boyards*». General Newspaper. 14 Noviembre de 1996.

[86]NdT: *Boyardo* (Боярин) es un término en ruso cuyo equivalente en castellano sería Noble.

Federación de Rusia. En general, pueden caracterizarse por la caída completa de los intereses nacionales; un importante debilitamiento del país; la rendición de posiciones estratégicas; consentimiento directo para el establecimiento acelerado de un gobierno extranjero sobre Rusia; la implementación de reformas destructivas en la economía, cuyo resultado fue el empobrecimiento de la población, así como la aparición de una nueva clase de oligarcas, oficiales corruptos y su personal de servicio social; y la destrucción de toda la infraestructura y tejido social. Este periodo sólo se puede comparar con las etapas más oscuras de la historia rusa: Con el momento de fragmentación de los principados, anteriores a la conquista mongola; con la época de las revueltas, con la ocupación del Rus por ejércitos de Polacos y Suecos; con los acontecimientos de verano-otoño de 1917, que llevaron al colapso completo del Imperio de Rusia, con la guerra civil. Y como siempre en circunstancias similares observamos repetidamente, que prevaleció una orientación geopolítica hacia el oeste, a la vez que se establecía un régimen oligárquico, fundado sobre la omnipotencia de los grupos en la élite política, compitiendo unos con otros. Sin embargo, las pérdidas de Rusia durante la administración de Yeltsin, las pérdidas territoriales (la caída de la URSS), la catástrofe social e industrial, la llegada al poder de elementos corruptos, criminales y agentes bajo la influencia de EEUU; todo esto fue algo inaudito y sin precedentes, tanto en relación a su escala como por la reacción pasiva de la población, así como por su duración. Los años 90 supusieron una monstruosa catástrofe geopolítica para Rusia. Desde un polo del mundo multipolar y la civilización de la Tierra, que había extendido su influencia sobre la mitad del planeta, Rusia se transformó en un Estado inferior, corrupto, en fase de desintegración y de tercera fila, perdiendo rápidamente su autoridad en el contexto internacional y quedando al borde de la desaparición completa.

Por supuesto, no podemos culpar de esto exclusivamente a Yeltsin; su camino fue preparado por Gorbachov y sus reformas, y también por un amplio grupo de agentes de influencia pro-occidental, partidarios de reformas liberales, o simplemente actores absolutamente incompetentes, corruptos e ignorantes. Pero tampoco se le

puede absolver de la culpa: Sin esta personalidad, escasamente consciente del verdadero significado de los acontecimientos que se habían
desarrollado a su alrededor y sin haber entendido lo que el mismo
estaba haciendo y hacia dónde estaba conduciendo su política, no
queda claro si los reformistas podrían haber implementado con éxito
sus acciones destructivas y subversivas, que asestaron al país un
golpe tan colosal.

Al mismo tiempo, Yeltsin, tras el bombardeo contra el Consejo
Supremo en octubre de 1993, hizo una cierta corrección en la lógica
general de su mando; empezó por no destruir a la oposición, y ablandó
un tanto su política destructiva y suicida, introduciendo en ella un
conjunto de elementos patrióticos. El hecho es que, cuando empezó
la campaña Chechena y no aceptó incondicionalmente el ultimátum
de Dudáyev, al que los liberales y los atlantistas en su círculo le
apremiaban, ya indica que Yeltsin conservaba alguna visión residual
de los valores de la integridad territorial del gobierno. En este caso
confió en su intuición; y debemos darle crédito a que ante la presión
que pesaba sobre él, consiguió resistir y persistir en el filo del abismo.
Y aunque en 1996, volvió de nuevo al modelo atlantista y firmó el
tratado de Jasaviurt con los separatistas, cancelando con un golpe
de bolígrafo todos los éxitos militares previos de las fuerzas federales,
hacia finales de la década de 1990, de nuevo demostró que no puede
ser incluido totalmente en la categoría de los destructores de Rusia.
Designa como sucesor a Vladimir Putin, que comienza su mandato
en el año 2000, y pondrá en práctica una política completamente
diferente en términos geopolíticos. Tras delegar el poder en Putin,
Yeltsin confió también en Putin el destino de su propio lugar en
la historia de Rusia. Y puede ser, que llegase a ser su testamento
geopolítico.

La importancia que llegó a alcanzar tal testamento la considera-
remos en el capítulo siguiente.

# 4

# La geopolítica de la década del 2000. El fenómeno de Putin

## La estructura de los polos de fuerza en Chechenia (1996-1999)

T RAS la conclusión del acuerdo de paz de Jasaviurt, los separatistas chechenos recibieron la oportunidad para construir, de nuevo, estructuras de poder y para consolidar su poder sobre todo el territorio de la república chechena. Poco a poco, tres tendencias conflictivas surgieron entre ellos:

1. Círculos moderados de orientación democrática nacional, apoyados prioritariamente por el oeste, y que intentan seguir las reglas occidentales (A. Masjádov, A. Zakayev, etc.).

2. Representantes del islam tradicional nacional, orientado hacia los Teip y los Wird[87] (A. Kadýrov, K.A. Nujaiev, etc.).

3. wahhabíes radicales, considerándose a sí mismos como un enlace en la red global de fundamentalismo islámico, luchando para

---

[87]NdT: Los Teip son grandes comunidades normalmente unidas por lazos de sangre, típicas de Chechenia. Los Wird son lo mismo pero en Ingusetia.

el establecimiento de un Estado islámico global (S. Basáyev, M. Udugov, el «Jattab negro», etc.).

Geopolíticamente, estas tres fuerzas estaban orientadas en varias direcciones: Los demócratas nacionales, al atlantismo; los tradicionalistas, a la población local y sus fundamentos; los wahhabíes, a la red global de fundamentalistas radicales.

## La geopolítica del Islam

El islam radical asistió a su renacimiento en la década de 1970, cuando los servicios especiales americanos y británicos empezaron a usarlo activamente para oponerse al socialismo y tendencias pro-soviéticas en el mundo islámico y, en particular, en Afganistán. Así, el conocido geopolítico americano Zbigniew Brzezinski instruyó personalmente a radicales islámicos y, en particular, a representantes de Al-Qaeda en los campos de entrenamiento de los muyahidines anti-soviéticos. Hasta cierto punto, el fundamentalismo islámico cumplió así la función de un instrumento pragmático regional en las manos de los atlantistas.

El mundo islámico mismo, desde un punto de vista geopolítico, pertenece principalmente a la zona costera (*Rimland*), que la convierte en una zona de oposición de dos poderes: La Tierra y el Mar. En esta «zona costera», se encuentran dos orientaciones opuestas: aquella que tiende hacia el oeste frente a la que es afín al este. Durante la «Guerra Fría», los representantes del islam liberal y los radicales fundamentalistas estaban orientados al mar (en particular, los wahhabíes y los salafistas, predominantes en Arabia Saudí, leal aliado regional de los EEUU en oriente medio). Aquellos orientados hacia la tierra, fueron los regímenes afines al socialismo y a la URSS, los países del socialismo islámico o los «Baasistas» (el partido pan-árabe, que defiende la unificación de todos los gobiernos árabes en una formación política unitaria). Irán tras la revolución chiita de 1979 fue un caso especial, cuando en lugar del Shah pro-americano llegaron los chiitas radicales, encabezados por el Ayatolá Jomeini. La posición de Irán fue estrictamente «costera»: El lema iraní era «ni este ni oeste, revolución iraní» y significó el rechazo al acercamiento de relaciones con el oeste capitalista y con el este socialista.

Pero tras el colapso de la URSS y la construcción geopolítica post-soviética a nivel global, el islam radical perdió su principal función geopolítica en manos de los atlantistas. Al mismo tiempo, este movimiento ganó cierto impulso, y los conservadores americanos y británicos, fueron simplemente incapaces de controlarlo o neutralizarlo. En muchos casos, se preservaron ciertos lazos con el atlantismo: Sin embargo, los círculos wahhabíes-salafistas poco a poco ganaron autonomía y se convirtieron en una fuerza independiente e influyente. Desde que el principal enemigo, la URSS, dejó de existir, los fundamentalistas islámicos empezaron gradualmente a llevar a cabo ataques locales sobre sus antiguos patrocinadores, los EEUU. En el caso de Chechenia, allí, el wahhabismo, extendido activamente desde finales de la década de 1980 hasta finales de la década de 1990 como una fuerza independiente e influyente, cumplió una función clásica, que servía a los intereses de la civilización del Mar en su aspiración para debilitar tanto como fuera posible a la civilización de la Tierra y para desmembrar a Rusia. Este es el motivo de la alianza de los demócratas nacionales de Masjádov con los círculos wahhabís que tenía, finalmente, un denominador geopolítico común: Ambos representaban objetivamente un papel en el contexto de los planes atlantistas.

# Los atentados en Moscú, la incursión en Daguestán, y la llegada a Putin al poder

El polo wahhabí empezó a formarse en Chechenia a finales de la década de 1980, y desde el principio no se limitó solamente al territorio de Chechenia. Además, inicialmente, el centro de la expansión del wahhabismo fue la vecina Daguestán. Uno de los representantes del primer wahhabismo daguestaní fue Bagautdin Kegedov, que había establecido, ya en tiempos de la primera campaña chechena, contactos próximos con el mercenario salafista, Jattab (quien posteriormente se demostró que tenía vínculos próximos a la CIA) y los comandantes de campo chechenos. En abril de 1998, en Grozni, con la participación de Kebedov y sus partidarios, tuvo lugar la convención constitutiva de la organización «Congreso de los Pueblos de Ichkeria y Daguestán» (CPID), cuyo líder fue Shamil Basayev. La principal tarea fue «la liberación del Cáucaso islámico del yugo imperialista de Rusia» (una tesis completamente atlantista en su contenido). Bajo la tutela del CPID, se crearon grupos paramilitares, incluyendo la «brigada internacional islámica», que Jattab comandaba. Los wahhabíes empezaron a crear una fuerza armada clandestina en Daguestán, y hacia 1999 su influencia en esta república se convirtió en críticamente elevada. En 1999, los combatientes de Kebedov, empezaron a penetrar en Daguestán en pequeños grupos creando bases militares y depósitos de armas en lugares difíciles de alcanzar, como los caseríos de montaña. Tras sus viajes a Daguestán, el primer ministro de la Federación de Rusia, S. Stepashin, estaba tan impresionado por la influencia de los wahhabíes que se permitió a sí mismo una declaración desesperada a tal efecto, al decir, que «Rusia, parece, que ha perdido Daguestán».

El 7 de agosto de 1999, subdivisiones de la «brigada internacional islámica» de Basayev y Jattab, en número de 400-500 combatientes, entraron en la región de Botlijsky en Daguestán sin dificultad y tomaron una serie de pueblos (Ansalta, Rajata, Tando, Shodroda, Godoberi) tras anunciar el principio de la operación «Imán Gazí Mohamed». Con gran dificultad, las tropas federales y milicias locales fueron capaces de defender algunas ciudades capturadas a principios de agosto. En respuesta a esto, a principios de septiembre de 1999 (entre el 4 y el 16) estos mismos círculos wahhabíes, prepararon una serie de atentados en casas residenciales de Moscú, Buynaksk y Volgodonsk. Los actos terroristas fueron planeados y llevados a cabo por representantes del paramilitar e ilegal «Instituto islámico del Cáucaso», Shamil Basayev, Emir Al-Jattab, y Abu Umaron. Como resultado de los actos terroristas, 307 personas murieron; y más de 1700 personas fueron heridas de diversa consideración o sufrieron secuelas en cierta medida.

El 5 de septiembre de 1999 contingentes de combatientes chechenos bajo el mando de Basayev y Jattab entran de nuevo en Daguestán. Las operaciones reciben el nombre de «Imán Gamzat-Bek».

Este fue el momento más crítico y decisivo en la historia de Rusia más reciente. La Chechenia separatista, que había recibido espacio para respirar tras el acuerdo de paz de Jasaviurt, se convirtió en la fuente de propagación de un separatismo activo bajo la bandera wahhabí sobre todo el Cáucaso norte y, especialmente, en Daguestán. La incertidumbre e indecisión del centro federal, a la cabeza del cual estaba un Boris Yeltsin totalmente enfermo, que apenas entendía las circunstancias del momento, en un entorno de agentes de influencia pro-occidental de influencia que bloquearon cualquier iniciativa soberana, lo cual, agravó la situación y permitió a los militantes wahhabís llevar a cabo atrevidos ataques y actos terroristas más allá de las fronteras de Chechenia, invadiendo el territorio de Daguestán y atentando en ciudades de Rusia, en particular en la misma Moscú. Esta fue la línea crítica, que podría significar el principio del colapso precipitado de Rusia. Pareció que Rusia se encontraba al borde del fin de su existencia como entidad geopolítica. Si acciones terroristas de los wahhabís hubiesen alcanzado el éxito, otras regiones islámicas, y tras ellas, muchas otras formaciones territoriales dentro de la Federación de Rusia, hubiesen seguido inmediatamente el ejemplo de las repúblicas del norte del Cáucaso.

En este periodo, Yeltsin empieza a reconocer la gravedad de su situación, y la situación de la oligarquía corrupta y su élite pro-occidental («los siete»). Yeltsin busca febrilmente un sucesor, pero entiende con tiempo que Serguéi Stepashin, nombrado Primer Ministro de Rusia en el periodo que va desde Mayo hasta Agosto de 1999, no está capacitado para poder asumir la situación. Y en este momento Yeltsin toma una elección a favor de un burócrata poco conocido, antiguo teniente-alcalde[88] de San Petersburgo Anatoly Sob-

---

[88]NdT: En el derecho español, en jerarquía de mando municipal, tras alcalde está el teniente-alcalde. Entiéndase así, el puesto de Putin en la alcaldía de San Petersburgo como el segundo tras el alcalde.

chak, y después líder del FSB[89] de la Federación de Rusia, Vladimir Vladimirovich Putin. En agosto de 1999, Yeltsin, inesperadamente para muchos, le nombra Primer Ministro en funciones y su sucesor al frente de la Presidencia de la Federación de Rusia. Esta elección cambiará sustancialmente el posterior destino geopolítico, y se convierte en el inicio de un cambio brusco de todas las orientaciones tomadas hasta entonces. Putin llega al poder en un momento en el cual parece que nada detendrá la caída de Rusia hacia el abismo.

Una vez asumido el cargo, Putin centra su atención, en primer lugar, en Chechenia y la guerra que estalla en Daguestán. Así empezó la segunda campaña chechena.

## La segunda campaña chechena

La invasión de Daguestán y los atentados ocurrieron precisamente en los primeros días del cumplimiento de Putin en sus deberes como Primer Ministro de la Federación de Rusia y como «heredero de Yeltsin». La situación fue más que crítica, y ahora Putin tenía que hacer un gesto fundamental: O bien aceptar esas tendencias que estaban tomando fuerza y parecían inevitables, o bien intenta cambiar la situación y dar la vuelta al curso de acontecimientos. Este momento tuvo una importancia geopolítica decisiva para toda la historia de Rusia.

Putin toma como elección la restauración de la integridad territorial de Rusia y lo hace firmemente y sin ningún tipo de duda (en total contraste con las maneras de mando de Yeltsin).

A mediados de septiembre, Putin toma la decisión de realizar una operación orientada a la destrucción de combatientes en el territorio de Chechenia. El 18 de septiembre las fronteras de Chechenia fueron bloqueadas por tropas de Rusia. El 23 de septiembre, bajo el mandato de Putin, el presidente de Rusia (Boris Yeltsin) firma un decreto «sobre medidas para mejorar la eficiencia de las operaciones

---

[89]NdT: La sigla FSB es una transcripción del alfabeto cirílico (ФСБ) al latino, que significa en castellano: Servicio de Seguridad Federal.

antiterroristas en la región del Cáucaso norte de la Federación de Rusia», apoyando la creación de un grupo unido de tropas en el Cáucaso norte para llevar a cabo las operaciones antiterroristas. El 23 de septiembre las tropas de Rusia empezaron un bombardeo masivo de Grozni y sus afueras, y el 30 de septiembre entraron en el territorio de Chechenia. Así empezó la segunda campaña chechena.

En esta campaña el Kremlin se basa en dos principios:

1. La destrucción radical de todos los paramilitares separatistas y la supresión de todos los focos de resistencia, con el objetivo de establecer un control completo sobre todo el territorio de Chechenia, y el retorno del espacio de la república a la zona administrativa de gestión de Rusia.

2. «La chechenización del conflicto»: Esto es, la atracción hacia las filas rusas de aquellas fuerzas que estuviesen lo menos vinculadas posible a todas las demás, de los centros atlantistas extranjeros y de control (en el año 2000 los antes partidarios de los separatistas, el gran muftí de Chechenia y tradicionalista Ajmat Kadýrov, se convierten en la cabeza de la administración de Chechenia, leal a Rusia).

Los separatistas radicales responden a esta estrategia con una llamada a los mercenarios extranjeros y a la ayuda del oeste. Indirectamente esto mina su posición entre la mayoría de la población chechena, ajenos a la ideología wahhabí importada y a los valores democráticos liberales occidentales.

Vemos que la política de Putin en la segunda campaña chechena sostiene de forma evidente un carácter euroasiático, geopolíticamente terrestre, y lógicamente opuesto a estas fuerzas que se esfuerzan en debilitar las tendencias centrípetas y buscan desmembrar a Rusia. De aquí en adelante, esto se convierte en el principal vector de la política de Putin. Esta contrasta de manera evidente con las orientaciones tomadas por Yeltsin, y se encuentra en la base del rápido crecimiento de popularidad del nuevo líder de Rusia. La segunda campaña chechena fue completamente distinta a la primera en todas sus características. Lo vemos en la inflexible voluntad de Moscú para retornar a Chechenia bajo control de Rusia (el 27 de septiembre Putin rechaza categóricamente la posibilidad de un encuentro entre el presidente de Rusia y el líder de la República chechena de Ichkeria, explicando que: «no habrá encuentros para permitir que los combatientes laman sus heridas»), ante la ausencia de medios de influencia relacionados con los medios occidentales ( cuya voz, Putin no está dispuesto a escuchar), en la toma en cuenta de características geopolíticas, la preparación para oponerse a la presión del oeste, y el habilidoso empleo de las peculiaridades en varias orientaciones políticas, ideológicas y geopolíticas de los centros internos de influencia y autoridad.

Todo este conjunto de factores son la clave del éxito de esta estrategia. Las tropas de Rusia entran en Chechenia desde el norte y desde el lado de Ingusetia, y gradualmente liberan de los combatientes, un centro de población tras otro. Los hermanos Yamadev, comandantes de campo, y el Muftí de Chechenia Ajmat Kadýrov rinden sin combatir, el importantísimo centro estratégico de Gudermes el 11 de noviembre.

Desde el 26 de diciembre, empieza la batalla por Grozni, la cual sólo termina con la captura total de la ciudad en febrero del 2000. Tras esto, sigue la liberación gradual de los separatistas de todo el territorio restante de Chechenia; al principio las tierras llanas, y después las regiones montañosas. El 29 de febrero del 2000, el primer comandante adjunto del grupo conjunto de fuerzas federales, el Coronel-General Gennady Troshev, anunció el fin de las operaciones militares a escala global en Chechenia, aunque esto fue más probablemente un gesto simbólico: Las batallas continuaron durante mucho tiempo en muchas regiones de Chechenia.

El 20 de marzo, en la víspera de las elecciones presidenciales, Vladimir Putin visitó Chechenia, la cual estaba en este momento bajo el control de las fuerzas federales. Y el 20 de abril el primer comandante adjunto del Estado Mayor, Coronel-General Valery Manilov, anunció el fin de la parte militar de la operación antiterrorista en Chechenia y el cambio a operaciones especiales.

El 9 de mayo, en Grozni, en el estadio del «Dínamo», donde estaba teniendo lugar la celebración en homenaje al día de la victoria[90], tuvo lugar una potente explosión, como resultado de la cual, murió el presidente de Chechenia, Ajmat Kadýrov. Después, continuaron episódicamente los ataques de los separatistas diseminados por varios puntos de Chechenia y más allá de sus fronteras.

El 8 de marzo de 2005 durante una operación especial del FSB en el pueblo de Tolstoy-Yurt, el no reconocido «presidente» de la república chechena de Ichkeria, Aslan Masjádov, fue aniquilado, y el 10 de junio de 2006 uno de los líderes de los terroristas, Shamil Basayev, fue asesinado.

Desde 2007 después de que el hijo de Ajmat Kadýrov, Razman Kadýrov, alcanzara los 30 años de edad, se convierte en el líder de Chechenia, continuando la implementación de la política de su padre.

Los resultados geopolíticos de la campaña de Chechenia fueron el aplastamiento de forma clara y sin paliativos del proceso separatista en el Cáucaso norte, de la preservación de la integridad territorial de Rusia, de la destrucción de importantes unidades de poder de los separatistas chechenos, y del establecimiento del control del gobierno federal sobre todo el territorio de la Federación de Rusia.

En la práctica esto se convirtió en el punto de inflexión de la historia más reciente de Rusia. Desde finales de la década de 1980 hasta el inicio de la segunda campaña chechena y la llegada al poder de Vladimir Putin, Rusia había estado perdiendo constantemente sus posiciones geopolíticas, cediendo un contorno geopolítico tras otro, hasta llegar al punto de la caída de la misma Federación de Rusia. La primera campaña chechena puso freno a este proceso, pero no lo hizo irreversible. La conclusión del acuerdo de paz de Jasaviurt dejó nulo y sin valor todos los esfuerzos previos, y una vez más se hizo muy real la posibilidad de la muerte de la desaparición de Rusia como unidad geopolítica. El ataque de Basayev y Jattab en Daguestán y los atentados en Buynaksk, Moscú y Volgodonsk,

---

[90]NdT: El día de la victoria hace referencia al día en que Alemania se rindió ante los aliados occidentales y la Unión Soviética en 1945.

significaron el inminente e inevitable colapso del gobierno. En tal situación un nuevo líder político —Vladimir Putin— tomó una firme posición, determinada a poner fin a la cadena destructiva de catástrofes geopolíticas, superó la profundísima crisis, restableció las posiciones perdidas, y de este modo abrió una nueva página en la historia geopolítica de Rusia.

# El significado geopolítico de las reformas de Putin

Otros pasos tomados por Putin como presidente de la Federación de Rusia durante su mandato, que ocupó desde marzo del 2000, y de nuevo, desde marzo de 2004, en general se sustentaban en el mismo espíritu de soberanía euroasiática. Esta línea, claramente se reveló y se afirmó en la segunda campaña chechena, fue desarrollada y consolidada en una serie de reformas que cambiaron la orientación general a lo largo de la política, la ideología y la geopolítica, que el país estaba experimentando desde los periodos de Gorbachov y Yeltsin. Los principales actos simbólicos en las reformas de Putin, dotadas con claro contenido geopolítico, fueron las siguientes:

1. Un rechazo de la orientación política de la década de 1990 hacia la pérdida de soberanía de Rusia con la introducción virtual de un mando extranjero y, en contrapartida, la correspondiente proclamación de la soberanía como el más elevado valor de la Rusia contemporánea.

2. El fortalecimiento de la alterada unidad territorial de la Federación de Rusia a través de una serie de medidas, incluyendo resueltas acciones militares contra separatistas chechenos, así como la consolidación de la posición de Moscú en el conjunto del Cáucaso norte, la introducción de siete distritos federales, con el objetivo de excluir intentos separatistas en cualquier parte de Rusia, la eliminación del concepto de «soberanía» en los actos legislativos de los territorios de la Federación y

las repúblicas nacionales, la transición hacia un sistema de nombramiento de los líderes de los territorios de la Federación, en lugar del viejo modelo de su elección (esta medida fue introducida tras los trágicos sucesos en Beslán, cuando niños de secundaria fueron tomados como rehenes por terroristas).

3. El destierro de los más despreciables oligarcas fuera del país, que habían sido casi omnipotentes en la década de 1990 (B. Berezovsky, V. Gusinsky, L. Nevzlin) y la persecución penal de otros por sus crímenes cometidos (M. Jodorkovski, P. Lebedev, etc.), la nacionalización de una serie de grandes monopolios de materias primas, la imposición al resto de los oligarcas del reconocimiento de la legitimidad de la política de fortalecimiento de la soberanía de Rusia, y de actuar en acuerdo con las reglas del gobierno.

4. Un sincero y a veces imparcial diálogo con los EEUU y el oeste, con una condena a la práctica de los dobles raseros, la hegemonía americana y el mundo unipolar, contra la que fue proclamada una orientación hacia la multipolaridad y la cooperación con todas las fuerzas (en particular, con la Europa continental) interesada en oponerse a la hegemonía americana.

5. Un cambio en la política de información de los medios nacionales más importantes, que al principio emitían el punto de vista de sus propietarios oligarcas, pero que de aquí en adelante fueron llamados a tomar en cuenta los intereses del gobierno.

6. Una reconsideración de la actitud nihilista hacia la historia rusa, que estaba basada en la aceptación sin crítica de la aproximación liberal-democrática occidental, con respeto y deferencia hacia los puntos de referencia y figuras más importantes de la historia (en particular, el establecimiento de un nuevo día festivo, el 4 de noviembre, el día de la Unidad del Pueblo, en honor a la liberación de Moscú de la ocupación Polaco-Lituana por la milicia del pueblo).

7. Apoyo a los procesos de integración en el espacio post-soviético y la activación de operaciones de Rusia en los países de la CEI; también la formación o reanimación de estructuras de integración, tales como la «Comunidad Económica Euroasiática», el «Acuerdo Social sobre Seguridad Colectiva», el «Espacio Económico Común», etc.

8. La normalización de la vida de partidos, a expensas de la prohibición de estructuras oligárquicas para la presión política a favor de sus intereses privados y corporativos, que usan a los partidos del parlamento.

9. La elaboración de una política gubernamental consolidada, en la esfera de los recursos energéticos, que transformaron a Rusia en un poderoso Estado energético, capaz de influenciar los procesos económicos de las regiones vecinas de Europa y Asia; los planes de colocación de gasoductos y oleoductos tanto en el este como en el oeste, se convirtieron en una expresión visible de la geopolítica energética de la nueva Rusia, repitiendo las principales líneas de fuerza de la clásica geopolítica en un nuevo nivel.

Todas estas reformas encontraron una dura resistencia por parte de aquellas fuerzas que en tiempos de Gorbachov y Yeltsin estaban orientadas hacia el oeste y la civilización del Mar, y fueron consciente o inconscientemente una red de agentes de influencia de la talasocracia, portadores de una cosmovisión liberal-democrática y tendencias capitalistas globales. Esta resistencia, bajo el mandato de Putin, se manifiesta en los partidos de oposición derechistas (Yabloko, Pravoe Delo); en la apariencia de una nueva oposición radical de los ultra liberales y, abiertamente, de tipo pro-americanos, patrocinados por los EEUU y fundaciones occidentales («Disidentes»); en el intenso activismo contra Rusia por parte de los oligarcas que habían sido apartados del poder; en la presión de EEUU y el oeste sobre el Kremlin en su conjunto, para prevenir un mayor desarrollo de esta tendencia; en la activa resistencia a la estrategia de la Federación de Rusia dentro del marco de la CEI, por el lado pro-occidental con fuerzas americanas en estos países: La «revolución naranja» en Ucrania, la «Revolución de las rosas» en Tiflis, la política en contra de Rusia en Moldavia, etc.

Putin y su política se convirtieron en la expresión de tendencias geopolíticas, sociológicas y paradigmáticas, correspondientes en conjunto, a los principales puntos de referencia de la civilización de la Tierra y a las constantes de la historia geopolítica de Rusia. Si las acciones políticas de Gorbachov y Yeltsin estaban en flagrante conflicto con las principales fuerzas de la geopolítica rusa, entonces el mandato de Putin, por el contrario, restauró la vía tradicional para Rusia, lo retornó a su habitual órbita continental y telurocrática. Así, junto con Putin, el Corazón de la Tierra consiguió una nueva oportunidad histórica, y el proceso de establecimiento de un mundo unipolar chocó contra un obstáculo real. Se hace evidente, que a pesar de todo el debilitamiento y confusión, Rusia-Eurasia no desaparecieron finalmente del mapa geopolítico del mundo, que representa como antes, aunque en reducida condición, el núcleo de una civilización alternativa, la civilización de la Tierra.

# 11 de Septiembre: Las consecuencias geopolíticas y la reacción de Putin

Si el rumbo de la política Putin estaba sustentado, en general, por el espíritu telurocrático, y precisamente esta es la característica más sustancial de su mandato, después, en los detalles, a veces actuaba pragmáticamente y se distanciaba un poco de la principal línea de fuerza de su propia política.

La primera de tales desviaciones se volvió evidente tras los trágicos sucesos del 11 de septiembre de 2001, cuando Nueva York y Washington fueron sometidas a un ataque sin precedentes por radicales islamistas (en cualquier caso, la comisión oficial, que estudió las razones y a los autores de los actos terroristas del 11 de septiembre, llegaron a esta conclusión). En este momento Putin toma la decisión de apoyar a EEUU y presta ayuda diplomática y política para la subsiguiente invasión y ocupación por parte de las fuerzas americanas en Afganistán. Las fuerzas de la Alianza del Norte, enfrentadas a los talibanes, eran cercanas a los servicios de inteligencia de Rusia; y en el momento de la invasión de los EEUU y los países de la OTAN en Afganistán, Rusia ayudó a establecer sus contactos con las fuerzas ocupantes, lo cual fue uno de los factores esenciales del derrocamiento relativamente rápido de los talibanes.

Putin probablemente calculó que el Islam radical de los talibanes afganos era una amenaza sustancial para Rusia y los países de Asia central[91], encontrándose ellos mismos en la zona de influencia de Rusia, y que una invasión americana en tal situación sería un golpe contra esas fuerzas que causaron tantos disgustos a Rusia. Además, por su apoyo al joven Bush, que había anunciado una «cruzada» contra el terrorismo internacional, Putin se esforzó en minar el sistema de apoyo político, diplomático, informativo y económico que llegaba a los separatistas de Chechenia y el Cáucaso norte desde el oeste; como a partir de ahora, apoyando a los combatientes chechenos, los americanos estaban actuando del lado de aquellas fuerzas que habían propinado a su propio país un golpe tan doloroso. Así, las cercanas relaciones con los EEUU y, en correspondencia, con el polo atlantista, sostenían un carácter pragmático para Putin y no derogaban su orientación fundamental hacia la telurocracia. Sin embargo, uno no puede apreciar una seria contradicción en tal táctica: Aprobando la ocupación americana de Afganistán, Rusia recibía en las fronteras al sur de su zona de influencia estratégica, en lugar de una fuerza hostil (radicales islamistas), otra fuerza igualmente adversa, y a la vez más seria. Las bases militares de EEUU; esto es, la presencia directa de los principales oponentes estratégicos de Rusia en el mapa geopolítico del mundo. Si Rusia se esforzaba en construir un sistema alternativo multipolar contra el mundo unipolar, entonces, en ningún caso debería permitir el despliegue de un contingente militar de EEUU en la cercanía más

---

[91]NdT: Se entiende generalmente que los países de Asia central son: Kazajstán, Kirguistán, Tayikistán, Turkmenistán y Uzbekistán.

inmediata a sus fronteras del sur y en las fronteras de los países de Asia central, aliados con Rusia.

# El eje París-Berlín-Moscú

Tras recibir el apoyo de Rusia, los EEUU, ahora sin ningún tipo de razón, invadieron Irak después de Afganistán y también ocuparon este país, lo que provocó una protesta natural desde Rusia, Francia y Alemania. Esta coalición anti-americana recibió el nombre de «el eje París-Berlín-Moscú», y al poco tiempo parecía que estaba creándose un bloque multipolar europeo-euroasiático, apuntado hacia la contención de la hegemonía unipolar americana. Esta posibilidad preocupaba extremadamente a los americanos, que inmediatamente emprendieron una serie de esfuerzos dirigidos a acabar con esta coalición tan pronto como fuera posible. El eje Paris-Berlín-Moscú representaba un perfil de alianza telurocrática, recordando los primeros proyectos euroasiáticos de geopolíticos continentalistas europeos; tales como Jean Thiriart con su «Imperio euro-soviético de Vladivostok a Dublín» o Alain de Benoist, que había apelado a una alianza de la Europa continental con Rusia.

En cualquier caso, la invasión de Irak mostró que los EEUU actúan sólo en su propio interés, y no piensan en tomar a Rusia en consideración, a pesar de las concesiones de Rusia en Afganistán. Además, Washington nunca suspendió su apoyo a los separatistas chechenos y caucásicos, y Zbigniew Brzezinski explicó bastante cínicamente que solamente aquellos que luchan contra los EEUU deberían ser reconocidos entre los «terroristas internacionales», mientras que aquellos que debilitan a los competidores y adversarios de los EEUU (en particular, los fundamentalistas del Cáucaso norte) deben ser excluidos de esta categoría y equiparados con «luchadores por la libertad».

Si evaluamos el balance de la gestión de Putin en función de las estrechas relaciones con los EEUU, podemos decir que produjeron, en general, resultados ambiguos y se tratase probablemente de un error geopolítico. Rusia apenas ganó nada con esta postura, sino que perdió la claridad y consistencia de la política telurocrática, estimulada tan obvia y agudamente por las primeras acciones de las reformas de Putin, tras su llegada inmediata al poder. Frente al trasfondo general de la estrategia telurocrática, esta no fue una retirada muy justificada ni efectiva de la política común. Es revelador que los representantes de la geopolítica de la Rusia euroasiática en este periodo, previnieron activamente a Putin contra tal paso de acercamiento respecto hacia los EEUU[92], pronosticando el desarrollo de los acontecimientos que de hecho tuvieron lugar poco tiempo después. Así, en el contexto del conjunto de la geopolítica telurocrática de Putin, aquellos que rechazan su lógica aparecen sugiriendo, que incluso tras la llegada de Putin al poder, se preservó la red atlantista de agentes de influencia en Rusia, habiendo perdido su posición de liderazgo e influencia total sobre las más altas instancias políticas (como ocurrió en la era de Gorbachov y Yeltsin), pero todavía conserva importantes posiciones y recursos. Tras el 11 de septiembre muchos expertos de Rusia apoyaron activamente a Putin y sus decisiones, y ese mismo grupo de expertos condenó, firmemente, su iniciativa para crear el «eje París-Berlín-Moscú» en la época de la invasión americana y británica a Irak. El hecho confirmó esta sospecha fue, que tales expertos mantuvieron su influencia en Rusia y recibieron una plataforma libre para la expresión de sus posiciones en los medios de comunicación federales. A pesar del brusco cambio de rumbo de lo talasocrático, que conducía a una muerte rápida, hacia una telurocracia, orientada hacia el renacimiento de la civilización de la Tierra y la posición del Corazón de la Tierra, tras los acontecimientos del 11 de septiembre de 2001 y los pasos posteriores de Moscú, se vio claro que en medio de toda la radicalidad de las reformas geopolíticas, la lucha por la influencia sobre el gobierno de Rusia no había terminado, y las reformas de Putin podrían desviarse de la trayectoria proyectada.

---

[92] «*The geopolitics of terror*». M: OPOD. Eurasia, 2001.

# La red atlantista de influencia en la Rusia de Putin

El cambio abrupto en el rumbo de la política de Rusia durante el mandato de Putin, siguiendo un vector directamente opuesto a aquel según el cual se habían desarrollado los acontecimientos en etapas anteriores, sin embargo, no se cerró totalmente, ni en la doctrina estratégica de Rusia ni en los programas paradigmáticos y los manifiestos, ni en la concreta e inequívoca determinación de la suma de intereses nacionales y métodos para su realización, ni en un incremento sistemático en el total del poder político, económico y geopolítico de Rusia.

Putin se empeñó en normalizar la situación y liquidar los fenómenos más destructivos y catastróficos; el significado de su misión consistía en esto precisamente. Pero no había un proyecto real para el desarrollo geopolítico futuro de Rusia; ningún acuerdo euroasiático se ejerció en los dos mandatos de su presidencia. Todo estaba limitado por el pragmatismo, dirigidos hacia el control de los procesos más destructivos sin ningún plan de civilización ordenado y consistente. Putin adaptó su posición a la situación presente, esforzándose en todo momento en fortalecer la posición de Rusia; pero si tales situaciones no se presentaban, dirigía su atención hacia la resolución de problemas puramente técnicos.

Así se ejercía el único estilo tecnológico-pragmático de su administración. La línea general de desarrollo de su política se orientó hacia un vector euroasiático, terrestre y telurocrático, y precisamente esto determinó la esencia fundamental de sus reformas. Pero esta línea no recibió una formulación conceptual y teórica. En lugar de ello, su política fue llevada a cabo con la ayuda de métodos puramente tecnológicos y tecnológico-políticos; a menudo se proclamaba una cosa, mientras en la práctica se hacía otra totalmente diferente; el discurso autorizado contenía en sí mismo contradicciones deliberadas o accidentales; apelando a un sistema de valores talasocrático, liberal y occidental que era alternado con patriotismo, telurocracia y la afirmación de los valores y la naturaleza única de la civilización rusa. En

115

general esto dio lugar a una atmósfera ecléctica, y todos los asuntos problemáticos eran sorteados con confusas campañas de relaciones públicas. Es común vincular este estilo de contradicción, de política vacía y puramente tecnológica, con el principal ideólogo durante el mandato de Putin, Vladislav Surkov. Surkov era especialmente cuidadoso: En casi todas las declaraciones políticas apela a valores incompatibles, y a que se preservaran modelos sociológicos, políticos y geopolíticos; al mismo tiempo para el Estado y para el liberalismo, para el oeste y para la singularidad de Rusia, a la línea vertical de poder y a la democratización, a la soberanía y a la globalización, a un mundo multipolar y a un mundo unipolar, al atlantismo y al eurasianismo. Mientras tanto, ninguna de esas orientaciones se suponía que sobrepasaba críticamente a la otra.

El grupo básico de expertos en el Kremlin se mantuvo sin cambios desde la década de 1990 y representaba el predominio de analistas liberales, pro-occidentales y pro-americanos, quienes al mismo tiempo eran, a menudo, agentes directos de influencia occidental. Es revelador que desde finales de 2002 empezó a circular la revista «*Russia in Global Affairs*»[93], declarando abiertamente que es una publicación subsidiaria de la revista americana «*Foreign Affairs*», publicada por el Consejo sobre Relaciones Exteriores (CRE), principal centro para la elaboración de la estrategia atlantista, talasocrática y globalista. En la presidencia de Putin, esta publicación fue, enteramente oficial, no solamente publicada abiertamente en Rusia, transmitiendo los principales proyectos geopolíticos y estratégicos de los EEUU en relación a la organización de un mundo global en los ámbitos de la unipolaridad, sino que también, incluía en su comité editorial a los siguientes personajes, que ostentaban altos cargos y eran sumamente influyentes:

- L. Adamishin, el extraordinario y plenipotenciario embajador de la Federación de Rusia; G. Arbatov, director del Centro de Seguridad Internacional del IEMRI[94];

---

[93]NdT: «Rusia en los asuntos globales»

[94]NdT: Instituto de Economía Mundial y Relaciones Internacionales

- A. G. Vishnevsky, director del Centro para la Demografía y la Ecología Humana del Instituto de Previsión Económica;

- D. Zhukova, vicepresidenta primera de la Federación de Rusia;

- S. B. Ivanov, fue secretario del Consejo de Seguridad de la Federación de Rusia, más tarde ministro de defensa y primer viceprimer ministro;

- S. A. Karaganov, comisario de la publicación, presidente del Presídium del Consejo sobre Política Exterior y Defensa (creada como un asociado al CRE en Rusia en 1991); A. Kokoshin, una figura distinguida de «Rusia Unida»[95];

- Y. I. Kuz'minov, rector de la universidad estatal de la escuela superior de economía;

- S. V. Lavrov, ministro de exteriores de la Federación de Rusia;

- V. P. Lukin, comisionado de la Federación de Rusia para los derechos humanos;

- F. A. Luk'yanova, la principal editora de la revista *Russia in Global Affairs*;

- V. A. May, rector de la Academia de Economía del Pueblo, bajo el gobierno de la Federación de Rusia;

- V. A. Nikonov, presidente de la fundación «Políticas» y la fundación «Mundo Ruso»;

- V. V. Posner, presidente de la academia de la televisión de Rusia;

- S. E. Prijod'ko, asistente al presidente de la Federación de Rusia;

---

[95]NdT: Rusia Unida es el partido dirigido y encabezado por Vladimir Putin.

- V. A. Ryzhkov, antiguo diputado y miembro eminente de la oposición liberal;

- V. Torkunov, rector del instituto estatal de Moscú para relaciones internacionales;

- M. Jakamada, político de la oposición ultraliberal;

- J. Jurgens, director del Instituto de Desarrollo Contemporáneo, vicepresidente y secretario ejecutivo de la Unión de Industriales y Empresarios de Rusia.

Es difícil imaginar que tales actores, de tan altos puestos —entre los cuales vemos también al consejero del presidente sobre política exterior, además del ministro de asuntos exteriores; así como actores de altos puestos de los servicios especiales, también científicos-gerentes de élite— no supieran el consejo editorial del órgano en el que decidieron entrar. En consecuencia, este grupo, que une a las personas más cercanas a Putin y apasionados miembros de la oposición, fue creado conscientemente desde una base pro-americana, talasocrática, liberal, globalista y atlantista. Tras esto, no es sorprendente, que el eurasianismo de Putin y la política telurocrática no recibieran una formación adecuada y consistente: La red de agentes americanos más influyentes, alcanzando a las más altas autoridades de Rusia, abortaron inmediatamente cualquier intento para estructurar en un sistema las acciones de Putin, para fijar su lógica en la forma de un programa, proyecto, doctrina o estrategia.

Y de nuevo, el gestor responsable para la política interior en la administración del presidente y cercano a Putin, Vladislav Surkov, jugó un papel clave para asegurar que no tendría lugar ninguna acción para la creación de tal estrategia, mientras todo era sustituido por vacíos trucos político-tecnológicos. Siendo un tecnólogo de mucha experiencia, entendiendo como trabajan las estrategias de información e imagen, y sin ayuda, estableció un sistema político en Rusia, en el cual todo estaba basado deliberadamente en paradojas postmodernas, en la confusión consciente de todas las fuerzas políticas, en mezclas híbridas de elementos patrióticos con otros liberales y occidentales.

Podemos plantear la siguiente la cuestión: ¿Fueron independientes, Surkov y los burócratas del más alto rango de Rusia, en sus acciones atlantistas y el consecuente sabotaje al desarrollo de una estrategia real, reemplazada por caricaturas e insípidos espectáculos de relaciones públicas en el espíritu de la estrategia 2020 o los foros pomposos y absolutamente inútiles, mantenidos bajo la égida de «Rusia Unida»? ¿O Putin ocultaba sus reformas la una cortina de humo de una secuencia sin fin de inútiles y contradictorios pronunciamientos y acciones? En la etapa histórica presente, no podemos responder con toda certeza a esta cuestión, pues debe pasar un tiempo para que muchas cosas se hagan comprensibles. No podemos excluir que esta fuese su estrategia política para desinformar al adversario (atlantismo, EEUU, globalismo), en un intento de desviar la atención, y de forma latente, emprender una serie de pasos concretos, dirigidos a asegurar el poder de Rusia, acumulando sus recursos, y consolidando su gestión de energía y de tendencias económicas importantes. Pero, al mismo tiempo, es probable que estemos tratando con un sabotaje planeado por las iniciativas euroasiáticas de Putin hacia los agentes de influencia atlantista, que se mantuvieron en los más altos niveles de poder y a la cabeza de las más altas instituciones de conocimiento desde los tiempos de Gorbachov y Yeltsin, cuando la orientación hacia el oeste y hacia el mundo unipolar fue la política oficial del gobierno de Rusia.

El hecho es que la estrategia de Putin no recibió una formalización apropiada, mientras que la influencia de las redes pro-americanas, liberales y talasocráticas no tuvo consecuencias inesperadas, y esta medida se preservó en su totalidad durante el mandato de Putin, lo cual, debería ser declarado como un hecho empírico y una circunstancia importante en la valoración geopolítica de su mandato.

Además del comité editorial de la revista «*Russia in Global Affairs*», los expertos más influyentes de ideas abiertamente atlantista (en parte superponiéndose a la afiliación de este comité editorial) constituían la base del club intelectual «Valday», con los que Putin, y más tarde su sucesor, D. Medvedev, se encontraban regularmente. La peculiaridad de este grupo es que, junto con los agentes de influencia de Rusia, se incluyen otros expertos americanos y europeos, que englobando a un grupo de figuras que tienen una relación directa y manifiesta con estructuras de reconocido prestigio; en particular, A. Cohen[96], A. Kuchins[97], C. Kupchan[98], y F. Hill[99].

# El espacio post-soviético: integración

En el periodo del mandato de Putin, se intensificó la situación geopolítica en el espacio post-soviético. Aquí nos encontramos con dos tendencias totalmente diferentes.

Por un lado, con la llegada de Putin al poder, empiezan los procesos de integración del grupo de los países de la CEI con centro en Rusia, en diferentes niveles y de forma simultánea:

- Económicamente: La creación de una Comunidad Económica Euroasiática (Rusia, Kazajstán, Bielorrusia, Tayikistán, Kirguistán), Espacio Económico Común (Rusia, Kazajstán, Bielorrusia, con la invitación de Ucrania), Unión Aduanera (Rusia, Kazajstán, Bielorrusia).

- Militar y estratégicamente: El «Contrato Social sobre Seguridad Colectiva» (Rusia, Kazajstán, Bielorrusia, Tayikistán, Kirguistán y Armenia).

Es más, deberíamos mencionar el proyecto más vanguardista de integración política junto con el modelo de la Unión Europea, avanzado por el presidente de Kazajstán, Nursultán Nazarbayev, ya en 1994, pero completamente rechazado por la élite rusa pro-occidental

---

[96]Experimentado investigador en la «*Heritage Foundation*» americana, especializado en el estudio de Rusia, Eurasia y seguridad energética internacional.

[97]Director del programa Rusia-Eurasia y experimentado investigador en la fundación Carnegie para la paz internacional de los EEUU.

[98]Director de la sección Europa y Eurasia del «*Eurasia Group*».

[99]Director de la «*Russian section*» del Consejo de Inteligencia Nacional.

de aquel tiempo. Este proyecto recibió el nombre de «Unión Euroasiática», y tampoco fue apoyado abiertamente por Putin hasta otoño de 2011, aunque la idea misma de estrechar relaciones entre los países del espacio post-soviético no suscitaba el rechazo de Putin. Si en etapas previas el espacio post-soviético (esto es, el espacio de la antigua URSS, y antes de esto, del Imperio de Rusia) estuvo transformado en una sola área: Desde el debilitamiento y destrucción de aquellas fuerzas que formaron parte del antiguo conjunto unitario, entonces, tras la llegada de Putin al poder, también se enfatizaron claramente las iniciativas opuestas: Integración, estrechar relaciones, fortalecimiento de la coordinación, etc.

Allí existían dos formatos de tipo integrador: El gobierno aliado de Rusia-Bielorrusia y la Organización de Cooperación de Shanghái, en la que China también entró, además de Rusia y los países de la Comunidad Económica Euroasiática. Desde el mismo inicio, las relaciones de Putin con Bielorrusia y su presidente, A. G. Lukashenko, no prosperaron, y por tanto esta iniciativa integradora no se desarrolló en el modo apropiado, permaneciendo en esta condición nominal, tal y como fue anunciada en el tiempo de Yeltsin. Se trata de otro signo más de la inconsistencia en la implementación de la política euroasiática de Putin, por la cual la alianza con Bielorrusia y la potencial unificación política, sería el paso lógico y necesario (Rusia recibiría acceso a territorios occidentales, necesarios estratégicamente para conducir su política europea, que los líderes Rusos en todas las etapas de nuestra historia geopolítica entendieron perfectamente bien, desde Iván III hasta Stalin).

En lo que concierne a la Organización de Cooperación de Shanghái, Putin, por el contrario, emprendió una serie de pasos hacia la intensificación de una colaboración estratégica con China en cuestiones regionales, incluyendo una serie de ejercicios militares a una escala no muy grande, pero extremadamente importantes desde el punto de vista simbólico. La alianza con China se construyó completamente desde una lógica multipolar, y estuvo inequívocamente orientada a indicar una posible forma de oposición estratégica al mundo unipolar y la exclusiva hegemonía americana.

# La geopolítica de las revoluciones de colores

En este mismo periodo empezaron a desarrollarse, con bastante impulso, tendencias geopolíticas opuestas que recibieron el nombre de «revoluciones de colores». Su significado consistía en favorecer el ascenso al poder, en países de la CEI, a fuerzas políticas abiertamente contrarias a Rusia, pro-occidentales y a menudo nacionalistas, y de este modo apartar finalmente a tales países de Rusia, para frustrar la integración; y a largo plazo para incluirlos en la OTAN, como, por ejemplo, los países bálticos. La peculiaridad de estas revoluciones fue que todas ellas apuntaron hacia un estrechamiento en las relaciones de estos países, como lo que ocurrió con los EEUU y el oeste, y al mismo tiempo, se desarrollaron tecnológicamente según el modelo de «resistencia no violenta»[100], cuya metodología elaboraron los estrategas americanos en el marco del proyecto de «Freedom House», sobre la base de la práctica de medidas subversivas y la organización de revoluciones en el tercer mundo, encabezada por la CIA.

En noviembre de 2003 tuvo lugar en Georgia la «Revolución de las rosas», donde en lugar del evasivo Eduard Shevardnadze, dudando entre el oeste y Moscú, llegó al poder un político estrictamente pro-occidental, radicalmente atlantista y pro-americano, llamado Mijeíl Saakashvili. Jugó un papel activo en los sucesos de la «Revolución de las rosas» la organización de jóvenes «Kmara» (literalmente «¡Basta!»), que actuó según los principales teóricos de análogas redes de organizaciones de protesta, como Gene Sharp, con los métodos de «Freedom House», que probaron antes en otros lugares; en particular en Yugoslavia durante el derrocamiento de Slobodan Milošević, usando la organización de jóvenes serbios y pro-occidentales, «Otpor».

Tras la llegada al poder, Saakashvili inició un rápido alejamiento respecto a Rusia, para estrechar relaciones con los EEUU y la OTAN;

---

[100]G. Sharp. «From Dictatorship to Democracy: The Strategy and Tactics of Liberation». M Novoe Izdatel'stvo, 2005.

se dispuso a sabotear activamente cualquier iniciativa integradora en el marco de la CEI, e intentó dar nueva vida a la unificación de los gobiernos esencialmente contrarios a Rusia en la CEI con el bloque GUAM: Georgia, Ucrania, Azerbaiyán y Moldavia. El círculo de Saakashvili se nutrió, principalmente, de personal que había recibido su educación en el extranjero y que no estaba históricamente vinculado a la experiencia soviética. Desde esta época Georgia se encuentra a la vanguardia de la estrategia atlantista en el espacio post-soviético y ocupó una posición activa en la oposición a las tendencias eurasianistas.

En diciembre de 2004, en un escenario similar, tuvo lugar en Ucrania la «revolución naranja». Las elecciones enfrentaron al protegido de Kuchma, V. Yanukovich, siguiendo una política ambivalente (entre el oeste y Rusia); con los políticos completamente pro-occidentales y estrictamente anti-rusos, de tipo nacionalistas. V. Yushchenko y Y. Timoshenko. Las fuerzas estaban bajo condiciones de igualdad, y el resultado se decidió mediante la movilización de amplias masas y, la primera de todas, la de los jóvenes que apoyaban a los «naranjas» en grandes manifestaciones, también organizadas según el modelo de Gene Sharp. El movimiento de jóvenes «*Pora*»[101] jugó un importante papel en estos procesos. Tras la victoria de Yushchenko, Ucrania tomó una firme posición anti-rusa, empezó a contrarrestar activamente cualquier iniciativa de Rusia en el espacio post-soviético, atacando al idioma ruso y tratando de reescribir la historia, representando a los Ucranianos como «un pueblo colonizado por Rusos». La Ucrania naranja, desde un punto de vista geopolítico, se convirtió en el eje de una política distintivamente atlantista y talasocrática, dirigida contra Rusia, el Eurasianismo, la telurocracia y la integración; se establecieron lazos duraderos entre los dos atlantistas más activos en el espacio post-soviético, Saakashvili y Yushchenko. Se levantaron proyectos geopolíticos para la formación de una comunidad del mar Báltico al mar Negro, en la que en teoría deberían entrar los países del Báltico, Ucrania, Moldavia y Georgia, así como los países del

---

[101] Aleksandrov A., Murashkin M., Kara-Murza S., Teleguin S. «*The export of Revolution, Saakashvili, Yushchenko...*». M: Algorithm, 2005.

este de Europa, Polonia y Hungría, quienes eran, como los países del Báltico, miembros de la OTAN. Este fue un proyecto para el establecimiento de un «cordón sanitario» entre Rusia y Europa, diseñado según los borradores de los clásicos geopolíticos talasocráticos.

Las posiciones de otros miembros de la GUAM —Moldavia y Azerbaiyán— no fueron tan radicales y estaban dictadas en gran medida por un amplio número de problemas locales: El apoyo de Moscú a la amotinada república de Transnistria, que había anunciado su independencia de Moldavia en 1991, y la colaboración militar entre Rusia y Armenia, por la cual se levantaron insolubles antagonismos con Azerbaiyán en relación a la ocupación del Karabaj[102]. El cuadro completo del espacio post-soviético en la era de Putin representó un cambio de la oposición franca y distinta de la civilización de la Tierra (encarnada en Rusia y sus aliados) y la civilización del Mar (encarnada en los países del GUAM, encabezados por Georgia y Ucrania). El Corazón de la Tierra se esforzó por expandir su zona de influencia en el espacio de la CEI con la ayuda de procesos integradores; los EEUU se esforzaron a través de sus satélites en lo contrario, limitar la propagación de la influencia de Rusia en esta zona, bloquear a Rusia hasta sus propias fronteras, y gradualmente, integrar en la OTAN a los países circundantes que habían aparecido recientemente.

La batalla del eurasianismo y atlantismo en el espacio postsoviético, como también el papel de los procesos de integración por un lado, y las revoluciones de colores por el otro, fue tan evidente que no podían quedar dudas entre los atlantistas de mente sobria, sobre qué algoritmo estaba siendo puesto en acción. Pero al mismo tiempo, el poder de las redes de influencia atlantista en la misma Rusia volvieron a hacerse presentes de nuevo: No existía un amplio conocimiento social de los procesos que habían transcurrido en el espacio post-soviético; los expertos comentaban sobre detalles y cues-

---

[102]NdT: Entre 1991 y 1994 tuvo lugar una guerra entre los nuevos Estados de Armenia y Azerbaiyán que se saldó con la ocupación por Armenia de las regiones azeríes pero con mayoría armenia, de Nagorno-Karabaj. La situación actualmente se mantiene sin cambios.

tiones particulares, perdiendo de vista los asuntos más importantes, creando conscientemente un mapa distorsionado de sucesos. Además, las acciones de Putin, dirigidas a decidir los problemas de integración, eran suprimidas o criticadas, mientras imperaba una clara rusofobia en Georgia o Ucrania, que se pasaba por alto o era reinterpretada neutralmente.

Los medios de comunicación rusos y la comunidad de expertos no sólo, no ayudaron a Putin a conducir su campaña euroasiática en el espacio post-soviético sino que, muy probablemente, se lo impidieron. Y esta fue otra paradoja más del periodo de gobierno de Putin.

# El discurso de Múnich

Putin se acercó a la formulación de su visión geopolítica a través de una vía consistente y sin contradicciones, sólo hacia finales de su segundo periodo presidencial en 2007. En el famoso discurso en la conferencia de Múnich sobre política de seguridad, pronunciado en 2007, se hizo esta formulación, aunque fue bastante aproximada y emocional. En este discurso Putin sometió a crítica, el acuerdo unipolar del sistema del mundo contemporáneo y describió su visión del lugar de Rusia y su papel en el mundo contemporáneo, tomando en cuenta las realidades y amenazas. En contraste con la mayoría de declaraciones evasivas e internamente inconsistentes, este discurso, que recibió el nombre de «el discurso de Múnich», se distinguió por su consistencia y claridad. Putin parecía romper el velo de la ambigüedad y la demagogia evasiva postmoderna de los expertos atlantistas y de V. Surkov, que diferenciaron este discurso de la mayoría de los textos programáticos generales previos. Los principales puntos del discurso de Múnich pueden reducirse a los siguientes extractos:

1. «Para el mundo contemporáneo, el modelo unipolar no es solamente inaceptable, sino completamente imposible».

2. «Todo el sistema de derechos de un país, en primer lugar, por supuesto, de los Estados Unidos, traspasó sus fronteras

nacionales hacia todos los países: En economía, en política, y en la esfera humanitaria se impone a sí mismo sobre otros gobiernos».

3. «El único mecanismo para la toma de decisiones sobre el uso de la fuerza militar como último recurso puede ser solamente la Carta de las Naciones Unidas».

4. «La OTAN avanza sus fuerzas fronterizas hacia nuestras fronteras estatales, pero nosotros, con rigor y en cumplimiento del acuerdo, no reaccionaremos a estas acciones en absoluto».

5. «¿Qué ocurrió con aquellas garantías que nos dieron nuestros socios occidentales tras la disolución del pacto de Varsovia?».

6. «Con una mano se entrega la ayuda de caridad, pero con la otra, no sólo se mantiene el atraso económico, sino que también se extrae un beneficio».

7. «Se está intentando transformar la OSCE en un vulgar instrumento para la garantía de los intereses políticos externos de uno, o de un grupo de países, en relación con otros países».

8. «Rusia es un país con más de mil años de historia, y prácticamente siempre disfrutamos el privilegio de llevar a cabo una política exterior independiente. Nosotros no vamos a cambiar esta tradición hoy»[103].

El discurso de Múnich bien podría ser tomado como una directiva estratégica plena. El primer punto rechaza abiertamente el orden mundial unipolar; esto es, desafía el estado de cosas existente e impugna el sistema mundial que tomó forma tras la caída de la URSS. Esta es una declaración bastante revolucionaria, que podría considerarse como la poderosa voz del Corazón de la Tierra. En el

---

[103]Putin V. V. «*Statement and Discussion at the Munich Conference on Security Policy*». http://archive.kremlin.ru 10-02-2007 [recurso electrónico] Accedido en 05-11-2007.

segundo punto, estamos hablando sobre una crítica directa tanto de la política de los EEUU como de la hegemonía de la estrategia talaso-crática a escala mundial, y la censura de su actividad supranacional y agresiva. Ambos puntos, el primero y el segundo, conforman una plataforma para un consistente y bien fundado antiamericanismo.

El tercer punto es una propuesta para el retorno al modelo de Yalta, como la expresión de lo que la ONU sirvió en la era de la bipolaridad. Esto fue una respuesta «protectora» a las numerosas peticiones de los americanos para reformar la ONU o rechazar su estructura completamente por el desequilibrio que se deriva de la nueva distribución de fuerzas, o bien, para reemplazarla con una nueva organización encabezada por EEUU y sus vasallos (el proyecto de Mackinder de una «liga de las democracias», fue planteado abiertamente un tiempo después)[104].

En el cuarto punto, Putin critica inequívocamente la expansión de la OTAN en el este, interpretando este proceso del único modo posible (desde el punto de vista de los intereses nacionales de Rusia y de un análisis geopolítico responsable). Putin deja claro que él no es una víctima de la demagogia «liberal-democrática» disimulando la expansión del oeste y evidenciando que mira las cosas sobriamente.

El quinto punto acusa al oeste de no cumplir sus obligaciones de tiempos de Gorbachov, cuando unilateralmente redujeron la presencia militar soviética en Europa. Esto es, culpa a la talasocracia por jugar con la lógica de los dobles raseros de la década de 1980.

El sexto punto condena la estrategia económica de los países occidentales en el tercer mundo, la cual, con la ayuda del Banco Mundial y del Fondo Monetario Internacional, arruinan el desarrollo de los países bajo la apariencia de una ayuda económica, y les subor-dina a su propia dominación política y económica[105]. Esencialmente, esto es una llamada al tercer mundo para buscar una alternativa a las políticas liberales existentes.

En el séptimo punto, Putin indica que varias estructuras europeas

---

[104]McCain, John. «*American Must Be A Good Role Model*». Financial Times. 18/03/2008.

[105]Perkins, John. «*Confessions of an Economic Hit Man*». M: Pretext, 2005.

(en particular la OSCE) no sirven a los intereses europeos, sino que juegan el papel de instrumentos de la política agresiva de los EEUU, ejerciendo presión sobre Rusia en las esferas de política, energía y economía, que también contradice los intereses de los mismos países europeos.

El octavo punto es la quintaesencia, la cual declara que Rusia como un gran poder, de aquí en adelante está decidida a conducir una política independiente y autosuficiente, y está preparada para volver a la tradicional función como núcleo de la «civilización de la Tierra» y bastión de la telurocracia. Putin anuncia esencialmente que la idea de que la historia ha terminado y que el Mar ha ocupado la Tierra es un tanto prematuro; la Tierra todavía existe, es el presente; y está preparada para hacerse escuchar a plena voz.

La reacción al discurso de Múnich de Putin en el oeste y en EEUU fue extremadamente negativa; la mayoría de atlantistas y expertos empezaron a hablar de una renovación de la «Guerra Fría». De hecho, Putin demostró que él es consciente de que la gran guerra de continentes no ha cesado y que hoy nos encontramos en su etapa siguiente. Tras esto, muchos estrategas occidentales finalmente empezaron a ver en Putin la personificación de un adversario geopolítico, la imagen tradicional del «enemigo ruso», que se ha formado a través de la historia de la confrontación geopolítica del Mar y la Tierra.

Tras tan sincera proclamación de su posición en un nivel internacional, fue lógico suponer que Vladimir Putin, una vez caídas las máscaras, infundiría a estas declaraciones un carácter sistemático, las pondría en la base de la estrategia futura, se cimentaría una doctrina de política exterior sobre esta fundamentación y se aplicarían los principios primordiales a la esfera de la política interior. Pero nada de esto ocurrió. En la misma Rusia, no se habló durante mucho tiempo del discurso de Múnich; no se mantuvieron discusiones o debates importantes; no afectó a la posición de las redes de atlantistas en absoluto, y no condujo a ninguna política nacional consistente.

Sólo podemos adivinar por qué tan sorprendente declaración rápidamente cayó en la rutina tecnológica.

En cualquier caso, si tomamos en cuenta que en el discurso de

Múnich, Putin habló sincera y deliberadamente, entonces sólo queda suponer, en contraste con la escasa resonancia que recibieron sus palabras en la misma Rusia y lo poco que afectaron en política interna y externa, que él mismo es un continentalista, eurasianista y partidario de una fuerte autoridad gubernamental, pero encontrándose al mismo tiempo entre una densa red de atlantistas, agentes de influencia americana, saboteando efectivamente cualquiera de sus iniciativas serias, que sean capaces de hacer daño a sus directores en el extranjero.

# Operación «Medvedev»

En el contexto de la misma ambigüedad de las políticas de Putin sobre la geopolítica, en general, que se orientan hacia un espíritu continental y telurocrático, pero conteniendo en sí mismas las contradicciones internas derivadas de la aparición de módulos influyentes de la red atlantista, así como agentes de influencia americana en los más altos niveles de autoridad. Esta situación se puso de manifiesto en la elección de Putin de su sucesor, Dimitri Medvedev, en marzo de 2008. Por un lado, Medvedev fue un colaborador constante de Putin en varias etapas de su carrera política, y sólo esto debería haber servido como base para la proximidad de sus actitudes políticas y geopolíticas; pero por otro lado la imagen política de Medvedev era abiertamente liberal y pro-occidental. Esta combinación creó una contradicción interna entre telurocracia y talasocracia, mucho más aguda y pronunciada en la línea política del mismo Putin. Avanzando precisamente a Medvedev como su sucesor, Putin incrementó todavía más la inconsistencia de la posición de Rusia en el mundo. Al mismo tiempo, el occidentalismo y liberalismo de Medvedev no estaban solamente cubiertos por un velo, sino que, por el contrario, estaban enfatizados de todos los modos posibles desde el momento en que él fue elegido finalmente como el candidato presidencial del «partido de Putin».

Ya en vísperas de su selección, Medvedev confiaba la elaboración de la estrategia principal de su política interior y exterior al Instituto de Desarrollo Contemporáneo de Rusia (IDCR), establecido fundamentalmente sobre la base de la Unión de Industriales y Empresarios de Rusia, que representa una estructura unida de los más influyentes y más ricos oligarcas de Rusia, bajo el liderazgo figuras públicas ultraliberales e inequívocamente pro-americanas como, I. Yurguens y E. Gontmajier, conocidos por sus críticas a Putin desde una posición atlantista; el mismo Medvedev se convirtió en la cabeza del Consejo de Administración del IDCR.

Si comparamos la principal estrategia de Putin con los proyectos del IDCR, oficialmente designado para poner en práctica el programa estratégico de Medvedev, entonces vemos una contradicción completa y radical, agravada por los ideólogos del IDCR que son abiertamente críticos respecto a Putin y sus políticas. Después de que Medvedev tomara la oficina el 15 de noviembre de 2008, visitó los cuarteles generales del CRE en Nueva York[106], lo cual es un hecho sin precedentes para un líder de Rusia, que tome en cuenta el atlantismo activo, el globalismo y la posición hegemónica de esta influyente organización.

Es importante que a través del representante autorizado del CRE, el oligarca Mijaíl Fridman (uno de los miembros de los «Siete Banqueros» en 1996) y el viceprimer ministro de la Federación de Rusia, Serguéi Ivanov, también se estableciesen estrechos lazos con el CRE, donde hablaron dos veces: El 13 de enero de 2005[107] y el 4 de abril de 2011[108]; Ivanov pronto fue considerado como el posible sucesor de Putin, junto con Medvedev.

Es bastante obvio que, conscientemente, Putin sancionó tal relación con los cuarteles generales del atlantismo y la mayoría de sus estructuras vanguardistas y avanzadas, entendiendo claramente el significado del liberalismo y del occidentalismo defendido por el sucesor que él eligió. Putin lleva a cabo una política continua de

---

[106]http://www.cfr.org/us-strategy-and-politics/conversation-dmitry-medvedev-video/p17779

[107]http://www.cfr.org/global-governance/world-21st-century-addressing-new-threats-challenges-video/p8742, http://www.cfr.org/russian-fed/world-21st-century-addressing-new-threats-challenges/p7611, http://www.cfr.org/global-governance/world-21st-century-addressing-new-threats-challenges-video/p8742 y http://www.cfr.org/russian-fed/world-21st-century-addressing-new-threats-challenges/p7611

[108]http://www.cfr.org/russian-fed/conversation-sergey-b-ivanov-video/p24578

fortalecimiento de la soberanía de Rusia, indicando la línea principal de su política exterior en el discurso de Múnich, mientras demuestra, de forma deliberada, y en otro nivel, una cierta lealtad hacia los proyectos atlantistas, de forma que no sólo mantiene en su lugar la vasta red de agentes de influencia de la talasocracia, sino que también deja claro, que a través de la elección de su sucesor (incluyendo también el segundo posible sucesor S. B. Ivanov) que está preparado para implementar una línea política completamente diferente de la que actualmente propone y declara.

Nuevamente, no es sencillo adivinar las razones para tal doble juego y su pretensión geopolítica. Sin embargo, cuando un hombre con actitudes y visiones nominalmente atlantistas, globalistas y liberales se convierte en el líder de un país, y esto ocurre únicamente gracias a Putin y su voluntad, esto trasciende en una posible operación de desinformación para el oeste o se convierte, simplemente, en algo inexplicable para una figura tal como es Putin.

La solución para semejante táctica de aproximación se dio en la conferencia del partido «Rusia Unida» el 24 de septiembre de 2011, cuando Medvedev anunció que él no iba a presentarse para un segundo mandato y le ofreció a Putin presentarse como candidato para la presidencia. Desde un punto de vista geopolítico, el cuadro se volvió claro y nítido, y la «operación Medvedev» se demostró, únicamente, como un intento de desinformación dirigido al oeste, para ganar tiempo en el retorno de Putin al cargo presidencial. Y durante el mandato de Medvedev, no se hicieron concesiones críticas al atlantismo, a pesar de las numerosas declaraciones y la serie de pasos puramente simbólicos.

# El asalto de Saakashvili en Tsjinvali y la guerra ruso-georgiana de 2008

El conflicto Ruso-georgiano de agosto de 2008 se convirtió en un suceso extremadamente importante desde un punto de vista geopolítico. Dos zonas administrativas de Georgia, con una población variada, donde los osetios predominaban en Osetia del Sur y los abjasios en Abjasia, se declararon a sí mismos como unidades políticamente autónomas; tras el anuncio de la salida de Georgia de la membresía de la URSS el 9 de abril de 1991, estos declararon su desacuerdo con tal decisión y, en su momento, decidieron salir de la membresía de Georgia. Georgia no estaba de acuerdo con esto e inició una serie de operaciones militares para mantener Abjasia y Osetia del sur como parte integral de su territorio.

Las tropas georgianas invadieron Abjasia en 1992 después de que Shevardnadze llegara al poder y el presidente anterior, Zviad Gamsajurdia, fuera derrocado. En la primera etapa, los georgianos tuvieron éxito al tomar Sujumi y avanzar hasta Gagra. Pero más tarde, confiando en los voluntarios de la república del Cáucaso norte y la ayuda militar, económica y diplomática desde Rusia, los abjasios consiguieron, a finales de 1993, restablecer el control sobre Sujumi y rechazar a los georgianos. Mientras tanto, los georgianos mantenían el control sobre los territorios del valle de Kodori, que los abjasios consideraban parte de Abjasia. Esta situación, en general, se mantuvo sin cambios hasta agosto de 2008.

A lo largo de 1991, Osetia del sur fue el escenario de las activas operaciones militares. El 19 de enero de 1992, hubo un referéndum sobre la cuestión «del gobierno independiente y/o unificación con Osetia del norte» en Osetia del Sur. La mayoría de participantes en el referéndum apoyaron esta propuesta. En la primavera de 1992, tras una tregua, ocasionada por un golpe de Estado y una guerra civil en Georgia, se reanudaron las operaciones militares en Osetia del sur. Bajo la presión de Rusia, Georgia inició las negociaciones, que terminaron el 24 de junio de 1992 con la firma de los acuerdos de Sochi sobre los principios de resolución del conflicto. El 14 de julio de 1992, hubo un alto el fuego, y fuerzas mixtas ocupadas en el mantenimiento de la paz se adentraron en la zona de conflicto para separar ambos bandos. Desde 1992 hasta 2008, Osetia del sur fue, de facto, un gobierno independiente y tuvo su propia constitución y símbolos de gobierno. Las autoridades georgianas la consideraban como antes, como una unidad administrativa: La región de Tsjinvali.

Desde un punto de vista geopolítico, Abjasia y Osetia del sur, representaban dos formaciones, prorrusas y anti-georgianas, que tomando en cuenta la actitud atlantista de Georgia, implicaban políticas euroasiáticas, continentales, terrestres y telurocráticas. La llegada al poder de Mijeíl Saakashvili en 2003, en plena efervescencia de sentimientos nacionalistas, intensificó, incluso más, el antagonismo entre Tiflis con Abjasia y Osetia del sur, mientras el radical atlantismo de Saakashvili estaba conduciendo, abiertamente, a potenciar la orientación prorrusa de Sujumi y Tsjinvali. La promesa de Saakashvili para su circunscripción electoral fue la de restablecer la integridad territorial de Georgia y poner fin a los focos pro-rusos en su territorio. Para esto, Saakashvili confió en la ayuda militar y económica de EEUU y los países de la OTAN.

En el transcurso de 5 años, el lado georgiano se preparó activamente para nuevas acciones militares, y empezó una operación para tomar Osetia del sur el 7 de agosto de 2008. En la noche del 8 de agosto, se inició el ataque sobre Tsjinvali desde las lanzaderas «Grad», y las tropas georgianas comenzaron su asalto a la ciudad usando tanques. Este mismo día, tomaron la ciudad y empezaron a exterminar a la población local. Las tropas georgianas también sometieron a fuego de artillería a una posición de guardias de paz de Rusia, entre los que hubo un número importante de heridos. Según los preceptos internacionales, esto significó la declaración de guerra de Georgia a Rusia (la ejecución de operaciones militares contra fuerzas armadas regulares en un Estado extranjero).

En respuesta a esto, el 8 de septiembre Moscú dirigió un contingente militar a Osetia del sur a través del túnel de Roki, y el 9 de septiembre las tropas rusas se aproximaron a Tsjinvali, entrando en conflicto con las tropas de Georgia y liberando la ciudad y todo el territorio de Osetia del sur de la presencia georgiana.

Simultáneamente, las tropas rusas entraron en el territorio del valle de Kodori y destruyeron las bases militares georgianas allí asentadas.

Encontrándose en guerra con Georgia, las tropas de Rusia empezaron a avanzar hacia la capital de Georgia, Tiflis, pero tras adentrarse en lo profundo del territorio enemigo, finalmente acabaron retirándose para volver dentro de las fronteras de Osetia del sur y Abjasia.

Tiempo después, Dimitri Medvedev explicó que el cese de la incursión en Georgia, que tenía todas las posibilidades de acabar en una victoria de Rusia, fue su logro personal.

El 26 de agosto de 2008, Rusia reconoció oficialmente la independencia de Osetia del sur y Abjasia en las fronteras existentes en este momento.

De este modo, en la práctica y tras la llegada de Medvedev al poder, Rusia afrontó esta seria prueba (un encuentro con un ataque de fuerzas atlantistas en la telurocrática zona de influencia estratégica de Rusia) para continuar la política de Putin en el fortalecimiento de la soberanía de Rusia, e incluso fue más allá de las fronteras de la Federación de Rusia, de verdad y por primera vez, sin tener miedo de la presión occidental y la amenaza desde los EEUU.

Es revelador que toda la red de agentes atlantistas de los EEUU en Rusia de este periodo, se opusieron al unísono a este giro de acontecimientos e insistieron en la no-intervención de Rusia en el conflicto entre Georgia-Osetia, y más tarde, tomaron todas las acciones posibles para impedir el reconocimiento de Moscú a la independencia de estos países.

Los sucesos de agosto de 2008 fueron un momento tenso en la gran guerra de los continentes, cuando las fuerzas de la civilización del Mar (detrás de Saakashvili) y la civilización de la Tierra (Rusia y las repúblicas de Osetia del sur y Abjasia afines a ésta) colisionaron en una dura confrontación; y esta vez la civilización de la tierra obtuvo, de forma inequívoca, una victoria. Este triunfo tuvo una dimensión militar: El hecho derrotar a las tropas georgianas equipadas con material moderno de la OTAN y teniendo instructores americanos. Además de esto, fue una victoria política y diplomática: Rusia obtuvo el éxito al evitar una confrontación directa con el oeste y evitando la creación de una poderosa coalición contra Rusia. Y finalmente, la victoria fue de información, como los medios de comunicación de Rusia (en contraste radical con la primera campaña chechena) que apoyaron unánimemente una posición patriótico-estatal, pro-Osetia, que, en general, fue compartida por la mayoría de la población.

Así, el recientemente nombrado presidente electo, Dimitri Medvedev, ante el duro reto lanzado desde los poderes atlantistas, se mostró a sí mismo como un político, tomando en la práctica una decisión inequívocamente telurocrática (y no con palabras), en una difícil situación, basada únicamente en la evaluación adecuada de los intereses de Rusia. Tal desarrollo de la situación, pareció, arrojar luz sobre la verdadera estrategia de Putin: Bajo la apariencia de un rumbo liberal y pro-occidental de la política de Rusia, se mantuvo esta misma estrategia invariable de Putin para el fortalecimiento de la soberanía de Rusia y la afirmación de sus intereses geopolíticos —en este caso, sobre el espacio post-soviético—.

Es importante que el grupo de presión atlantista, que generó la preparación para el combate total, fallara al ejercer la mínima influencia posible en las decisiones significativas del presidente, el primer ministro y los líderes de las fuerzas armadas (si no contamos el rechazo de Medvedev para tomar Tiflis, la conveniencia de la cual podría ser interpretada de diferentes formas).

# El reinicio y la vuelta al atlantismo

Pero, tras agosto de 2008, los acontecimientos que deberían haber conducido a una lógica renovación de la confrontación con el oeste, dieron lugar a procesos enteramente diferentes en la política exterior de Rusia. Medvedev anunció una política de estrechamiento de relaciones con el oeste, y en primer lugar con los EEUU, se trataba de una política de modernización y occidentalización de la sociedad de Rusia y el desarrollo y profundización de reformas liberales. Esta política fue apoyada por el presidente de los EEUU, Barack Obama. La guerra ruso-georgiana, aunque provocó una tormenta de indignación en los EEUU y en general en el oeste, no se convirtió en un argumento serio a favor de iniciar una nueva fase de la campaña contra Rusia. Todo el mundo en los EEUU entendió que Rusia obtuvo una victoria táctica, pero por cualquier razón favorecieron la distensión de la situación, evitando que la confrontación fuese más allá.

En este periodo empieza el proceso que recibió el nombre de «el reinicio» en la prensa internacional, y que significó el estrechamiento de relaciones entre Rusia y los EEUU tras un periodo de enfriamiento, relacionado con la era de Putin. «El reinicio» propuso la armonización de los intereses regionales de ambos países y la implementación de operaciones comunes en los casos en que ambos países tuvieran similares planteamientos regionales. En la práctica esto se concretó en las siguientes acciones:

- El apoyo de Rusia para las operaciones militares de EEUU y la OTAN en Afganistán.

- La firma del nuevo tratado START[109] para la reducción de armas estratégicas.

- La cancelación de Rusia en las entregas de cierto tipo de armamento a Irán.

- El apoyo de Rusia a las políticas de los EEUU y la OTAN en el mundo árabe (en particular, la renuncia del veto en el Consejo de Seguridad de la ONU a la resolución sobre Libia, que condujo a la intervención militar de los EEUU y la OTAN en este país y derrocó al régimen de Gadafi) etc.

Además de estos pasos, que en general dieron algunas ventajas concretas a los EEUU y prácticamente ninguna a Rusia, no hubo movimientos serios en las relaciones Ruso-Americanas durante el periodo de la presidencia de Medvedev. Al mismo tiempo, los EEUU continuaron expandiendo el programa de defensa de misiles antibalísticos en Europa, a pesar de las protestas de Rusia, cambiando sus planes sólo porque afectaba directamente a los procesos de negociaciones con aquellos países de Europa oriental. Además, los EEUU

---

[109]NdT: El tratado START III o Nuevo START significa en inglés: *Strategic Arms Reduction Treaty*. En castellano se conoce como Tratado de Reducción de Armas Estratégicas.

instalaron un cierto número de elementos de los sistemas de defensa de misiles antibalísticos en Turquía, en estrecha proximidad con la frontera rusa.

Mientras tanto, según la opinión del mismo Putin y el liderazgo militar de Rusia, todo el sistema de misiles anti-balísticos europeo, teóricamente, tenía únicamente como su objetivo un programa estratégico contra Rusia para perjudicarla y servir a propósitos ofensivos bajo ciertas circunstancias. «El reinicio» no sólo, no detuvo las iniciativas americanas en relación con la defensa de misiles anti-balísticos, sino que ni siquiera las ralentizó.

Un análisis geopolítico del reinicio puede reducirse a lo siguiente: En ausencia de un enemigo común (una tercera fuerza) de la civilización del Mar, pretendiendo un alcance global, y la civilización de la Tierra, encontrándose a sí misma reducida y en condición débil, no había y no podía haber algún interés estratégico común y serio. En estas condiciones, tomando en cuenta la asimetría de las relaciones de poder y el potencial económico y militar, entonces, una búsqueda de los puntos de contacto sólo podría conducir objetivamente a futuros procesos unilaterales en la pérdida de soberanía de Rusia, como ocurrió en la era de Gorbachov y Yeltsin, y a la reducción de ese rumbo que Putin impulsó durante su mandato. A juzgar por ciertas declaraciones, los proyectos del IDCR de Medvedev y la gestión informativa del «reinicio» en los medios de comunicación de Rusia, todo el contenido de este proceso se podría entender precisamente en esta vía de pérdida de soberanía. Y puede ser que los estrategas occidentalistas tuvieran esta actitud hacia ello, mientras que el retraso en el actual cumplimiento de los pasos irreversibles en la dirección del oeste se debieron al hecho que el nuevo presidente «no estaba aún liberado por completo de la influencia de Putin, quien le había llevado al poder». Es cierto que, desde fechas próximas a marzo de 2012, cada vez más analistas atlantistas empezaron a expresar dudas sobre la seriedad de las intenciones de Medvedev, su círculo pro-americano y ultra-liberal, así como sobre su independencia. Las voces que se estaban escuchando, sugerían que el periodo de Medvedev como presidente, no fue otra cosa que un medio para ganar tiempo antes de la confrontación, que se volvería inevitable si Putin volvía de nuevo al poder en Marzo de 2012. Pero la esperanza de que el presidente reformista ruso pudiera optar a un segundo mandato, lo que hizo que el oeste ejerciese una mayor presión sobre Rusia. Según algunas fuentes[110], ampliamente difundidas en la prensa de Rusia, durante su visita a Moscú en la primavera de 2011, el vicepresidente de EEUU Joe Biden, interfiriendo en la política interior de Rusia, instó abiertamente a Putin para que no se presentara por otro mandato, bajo la amenaza de una «revolución de colores», similar a aquellas que ocurrieron en el mundo árabe en 2011.

Si desviamos nuestra atención lejos de esta perspectiva formal de presión americana sobre Rusia, y la aparente preparación de Rusia bajo Medvedev, las acciones irreversibles en esta dirección, que romperían bruscamente con el rumbo tomado por Putin antes de 2012, no fueron emprendidas. Todos los pasos hacia los EEUU y la OTAN, que Medvedev hizo perfilar, en conjunto, o tenían un carácter declarativo, o afectaban a los aspectos secundarios de la gran estrategia. Mientras tanto, las pérdidas de Rusia fueron insignificantes e incompatibles con aquellas en las que el país incurrió bajo Gorbachov y Yeltsin, cuando Moscú, por su propia voluntad desmanteló una de las columnas que sostenían el mundo bipolar y permitió a la civilización del Mar, ocupar libremente el espacio de control e influencia, incluyendo la presencia directa estratégica y militar, que se abandonó tras la desaparición de las estructuras de la civilización de la Tierra.

Tras la decisión de Putin de volver al Kremlin, y el propio apoyo de Medvedev en esta decisión, quedaron disipadas todas las dudas de que esto había sido un movimiento táctico.

## La Unión Euroasiática

El texto programático de V. V. Putin, «La Unión Euroasiática — Un camino al éxito y la prosperidad», publicado en el periódico

---

[110]http://www.newsland.ru/news/detail/id/653351

«Izvestia» el 3 de octubre de 2011, se convirtió en extremadamente importante. En este texto, Putin declara un punto de referencia en la integración del espacio post-soviético, primero a un nivel económico, y después a un nivel político (en el que, es cierto, sólo lo insinúa).

Putin distingue sobre los procesos de integración económica, un objetivo —geopolítico y político— más elevado, la creación en el futuro, sobre el espacio del norte de Eurasia, de una nueva formación supranacional, construida sobre la comunidad de pertenencia a la civilización. Como la Unión Europea, uniendo países y sociedades relacionadas con la civilización europea, empezó con la «Comunidad del Carbón y del Acero», para más tarde y gradualmente, desarrollarse en una nueva y única formación supra-gubernamental, así también, la Unión Euroasiática es designada por Putin como un punto de referencia a largo plazo, como objetivo y horizonte del camino histórico.

La idea de la Unión Euroasiática fue puesta en práctica simultáneamente en dos países a principios de la década de 1990: En Kazajstán por el presidente N. A. Nazarbayev[111] y en Rusia por el «Movimiento Euroasiático»[112]. En Moscú, en 1994, Nazarbayev dio voz a este proyecto de la integración política en el espacio post-soviético e incluso propuso el proyecto de una constitución para la Unión Euroasiática, siguiendo en general la constitución de la Unión Europea. Y por su parte, la idea de una Unión Euroasiática estaba siendo activamente elaborada por el «Movimiento Euroasiático» en Rusia, continuando la línea de los primeros eurasianistas rusos, que habían sentado los fundamentos de esta filosofía política. La creación de una Unión Euroasiática se convirtió en el principio histórico, el objetivo ideológico y político de los eurasianistas rusos, pues este proyecto encarnaba en sí mismo todos los valores principales, ideas y horizontes del Eurasianismo como una completa filosofía política.

Así, Putin, centrando su atención hacia la Unión Euroasiática, hizo hincapié en un concepto cargado con un profundo significado político y geopolítico. La Unión Euroasiática, como la personificación

---

[111] Duguin, A.G. «*Nursultán Nazarbayev's Eurasian Mission*». M., 2004.
[112] *The Eurasian Mission (policy materials)*. Moscú, 2005.

concreta del proyecto Euroasiático, contiene en sí mismo tres niveles simultáneos: El planetario, el regional y el nacional.

1. A escala planetaria, estamos hablando sobre el establecimiento, en el lugar de un mundo (global) unipolar o «no-polar», de un modelo multipolar, donde sólo una poderosa formación regional integrada, puede ser un todo (sobrepasando por su escala, su economía agregada, su potencial de energía y militar-estratégico, el que incluso posea el más grande de los Estados por sí mismo).

2. A escala regional, estamos hablando sobre la creación de una formación integrada, capaz de ser un polo del mundo multipolar. En el oeste, la Unión Europea puede actuar como tal en un proyecto integrador. Para Rusia esto significa la integración en el espacio post-soviético de un bloque estratégico único.

3. A nivel nacional, el Eurasianismo supone la afirmación del centralismo estratégico, impedir la mera presencia dentro del país de prototipos de Estados nacionales en la calidad de entes jurídicamente autónomos dentro de la federación, pero también supone la afirmación de un amplio programa para el fortalecimiento de las identidades culturales, lingüísticas y sociales de aquellas etnias que forman parte de la composición tradicional de Rusia.

Putin habló repetidamente de multipolaridad en sus consideraciones sobre la situación internacional. Empezó a hablar sobre la necesidad de distinguir la «nación» (una formación política) y el «ethnos», en política interior durante la primavera de 2011, lo que significa que el modelo euroasiático se adoptó en este momento[113].

Así, el eurasianismo se puede tomar como la estrategia general de Putin para el futuro, y la conclusión inequívoca que se desprende de esta estrategia, es el regreso de Rusia a su función geopolítica y continental en el papel del Corazón de la Tierra, que será clarificado, consolidado y consumado.

---

[113]Duguin, A.G. «*Ethnosociology*». M: Academic Project, 2011.

# Los resultados de la geopolítica de la década del 2000

Hoy es difícil predecir cómo se desarrollará específicamente la situación geopolítica en los próximos años, mientras la evaluación general de la línea geopolítica de Putin dependerá de muchos caminos. Si Putin tiene éxito al asegurar la posición de la soberanía de Rusia, empezando por una política efectiva en la creación de un mundo multipolar en todas sus direcciones concurrentes, y, principalmente, en hacer incontestables sus reformas, relacionadas con el restablecimiento del papel estratégico de Rusia en el contexto global, entonces esto tendrá un impacto no sólo el futuro, sino también la determinación del verdadero significado del pasado reciente, cubriendo el periodo desde el año 2000 hasta el presente.

Por el momento, podemos decir que el punto de no retorno para Rusia todavía no se ha llegado, y por virtud de algunas circunstancias u otras variables, la política de Putin demuestra una continuidad, al menos hasta hoy, con aquello que el mismo Putin declaró en su discurso de Múnich, e incluso algo totalmente novedoso; esto es, las dudas o desaceleración temporal en la construcción de hegemonía americana y un mundo unipolar a expensas de la civilización de la Tierra, cuyo precio final es el debilitamiento y la destrucción de Rusia.

Por ahora la cuestión todavía permanece abierta: Como entender todas las acciones de Putin, geopolíticamente ambiguas y mutuamente excluyentes; el fortalecimiento de la soberanía y la preservación de toda la red de agentes de influencia del atlantismo; la confrontación con los EEUU y la llamada a rechazar la unipolaridad, el apoyo a los proyectos americanos en Afganistán (la eliminación de Rusia de la escena del mundo árabe y los procesos que allí se desarrollaban); estrechar relaciones con países orientados hacia la multipolaridad (China, Brasil, Irán) y «el reinicio». ¿Cuál de las dos interpretaciones acabará siendo dominante y cual se probará como una maniobra táctica y de desinformación? En las circunstancias actuales, esta cuestión no puede responderse de forma inequívoca; y el análisis geopolítico, en este caso, no puede ser totalmente fiable, desde el momento en el que los procesos más importantes se están desarrollando en torno a nosotros, y su estructura es tal que nadie puede afirmar con certeza en este momento cuál es su verdadero significado y sustancia.

El ciclo geopolítico que Putin empezó en otoño de 1999, inmediatamente posterior a su llegada al poder, no ha terminado. En función de sus características fundamentales, representa un movimiento en una dirección enteramente diferente a la del vector que comprende la estructuración de la geopolítica de Rusia desde la segunda mitad de la década de 1980 hasta finales de la década de 1990 (la era Gorbachov-Yeltsin). Putin desaceleró el movimiento que conducía, inevitablemente y por inercia, al total debilitamiento de Rusia y su destrucción geopolítica final, y empezó la complicada maniobra para revertir esta tendencia. Pero esta maniobra no ha sido consumada hasta alcanzar su final lógico, y el destino histórico del gobierno y de la civilización de la Tierra en su conjunto, el Corazón de la Tierra, Rusia-Eurasia, permanece abierto.

# 5

# El punto de bifurcación en la historia geopolítica de Rusia

ACABANDO nuestra visión de conjunto de la historia geopolítica de Rusia, podemos presentar una serie de conclusiones generales.

Primero, la lógica espacial de la formación histórica del Estado Ruso se revela de forma inequívoca. Esta lógica se puede resumir en la siguiente formulación: La expansión hacia las fronteras naturales del noreste de Eurasia (Turania), con la perspectiva de extender su zona de influencia más allá de sus límites, hasta alcanzar la totalidad del planeta. Esta es la principal conclusión que podemos trazar base a una consideración de todas las etapas de la historia política rusa, desde el surgimiento del gobierno de Kiev hasta la actual Federación de Rusia y el espacio post-soviético.

Inicialmente el Rus[114] se formó en la parte occidental de Turania, en la zona donde antes existían otras formas imperiales de otros pueblos euroasiáticos: Escitas, Sármatas, Hunos, Torques y Godos. Desde el centro del Kievano, tiene lugar una integración en círculos concéntricos hacia todo cuanto hay alrededor, que conduce a la primera formación del Estado Ruso, cuyos límites máximos se

---

[114]NdT: *Rus* (Русь) es la denominación de la Rusia antigua, entiendo que es importante diferenciar nominalmente el antiguo Rus y la Rusia moderna, puesto que cada cual pertenece a períodos históricos diferentes.

circunscriben a las resplandecientes campañas de Svyatoslav. Más tarde esta forma geopolítica se fortaleció y quedó alterada en cierta medida, perdiendo el control de algunos territorios, y ganándolo, a su vez, sobre otros.

Entonces, esta estructura inicial es aplastada y reducida a la fragmentación en principados[115], tras lo cual, comienza una incansable lucha por el trono del Gran-Ducado[116], en el transcurso del cual, toman forma gradualmente dos polos de atracción: La oriental (el principado de Rostov-Suzdal, más tarde Vladimir-Suzdal) y la occidental (Galitzia y Volinia).

Tras la conquista mongola, el Rus pierde su independencia, pero quedando, sin embargo, representado en la parte oriental, donde se fija el territorio del Gran-Ducado. Al mismo tiempo, la integración en la «Horda de Oro» pone al Rus en el contexto del gigantesco Imperio Turánico, de verdadera envergadura continental, representando éste a la civilización de la Tierra en todas sus dimensiones geopolíticas y sociológicas. Si con anterioridad, la influencia turánica se difundió a través de las tribus eslavas orientales, desde ahora se materializó la experiencia del Estado turánico sobre el organismo político que había formado, capaz de aprender la lección del Imperio euroasiático, y convertirse en el futuro, en un nuevo centro imperial.

El Rus occidental es atraído a la órbita del Gran Ducado de Lituania, y esto determina su destino, especialmente tras la Unión de Krevsk de 1385.

En el siglo XV, tras el colapso de las hordas, el Rus moscovita empieza el lento camino, no sólo para restablecer el Estado Kievano sino también para integrar toda la Turania, que había sido expresada como una nueva versión —esta vez Rusa— de la Eurasia integrada, en torno de su núcleo, el Corazón de la Tierra continental. De aquí en

---

[115]NdT: Los principados separados hacen referencia a un periodo en la historia Rusa que discurre entre los siglos XII y XVI, cuando el Rus de Kiev fue aplastado por la invasión mongola y devastado por numerosas guerras civiles entre los diferentes principados, organizados respectivamente, en torno a una ciudad. La reunificación de todos estos pequeños principados fue progresiva, destacando Iván IV —el terrible— que reunificó un gran número de tales principados.

[116]NdT: El Gran Ducado de Moscú.

adelante, la historia geopolítica rusa establece finalmente el rumbo hacia un vector euroasiático, desde una telurocracia completa, y procede al establecimiento de una civilización de la Tierra a escala mundial.

En todas las etapas subsiguientes, desde el siglo XV hasta finales del siglo XX, la progresión en la expansión del Rus avanza hasta alcanzar las fronteras naturales del continente. En ocasiones, el territorio del Rus se contrae por un corto periodo de tiempo, pero sólo hasta que toma un impulso expansivo nuevamente en la siguiente etapa. Así golpea el corazón geopolítico de la Tierra: moviendo poderes, población, tropas y otras formas de influencia hacia los bordes externos de Eurasia, hasta la zona costera (*Rimland*). El corazón viviente, latente y creciente del imperio terrestre mundial, determina el camino a seguir, por parte del Rus-Rusia hacia el establecimiento de un poder mundial, como uno de los dos polos globales del mundo.

Bajo varias ideologías y sistemas políticos, Rusia se mueve hacia la dominación mundial, habiéndose embarcado firmemente en la vía del control de Eurasia desde dentro, desde una posición del interior central continental. Desde finales del siglo XVIII, colisiona en esta expansión con el Imperio Británico, como con la personificación de la civilización global del Mar, con el cual, la confrontación transcurre sin incidentes en el siglo XX, sobre un nivel ideológico enteramente nuevo, y discurre hacia una confrontación con el siguiente polo marítimo global, los EEUU. En el periodo soviético, la gran guerra de los continentes alcanza su apogeo: La influencia de la civilización de la Tierra a través de la URSS, se extiende más allá de las fronteras del Imperio de Rusia, y más allá de las fronteras del continente Euroasiático mismo, hacia África, América-latina y Asia. Precisamente este vector de expansión continental, y más tarde global, se llevó a cabo en el nombre del Corazón de la Tierra y la telurocracia; y la civilización de la Tierra es el «significado espacial» (*Raumsinn*) de la historia rusa. Todas las etapas intermedias, y todas las fluctuaciones y oscilaciones históricas a lo largo de este devenir en el tiempo, no son nada más que el giro de los acontecimientos históricos reales en torno a un canal geopolítico principal: Retiradas, maniobras indirectas, ganando tiempo o realizando otras acciones sin cambiar el vector principal de la historia rusa.

En la base de tal análisis de la geopolítica de Rusia, podemos hacer un cálculo geopolítico del estado de las circunstancias actuales y distinguir el vector del futuro geopolítico.

Está bastante claro que la posición geopolítica de Rusia tras las reformas de Gorbachov, el colapso de la URSS y el periodo del mandato de Yeltsin, son un paso atrás regular y casi catastrófico, un movimiento inverso, un fallo de la matriz geopolítica que se estaba desarrollando a lo largo de todas las etapas previas sin excepción, en la dirección de la expansión sobre el territorio (espacio). Desde el principio hasta el final de la década de 1980, Rusia empezó a perder posiciones rápidamente en el espacio global del mundo, que habían sido conquistadas con tanta dificultad y al coste de tantas fatalidades a lo largo de muchas generaciones del pueblo ruso. Las pérdidas que sufrimos en este tiempo no son comparables con la Era de los Problemas o con las consecuencias del tratado de Brest-Litovsk. Incluso las campañas de Napoleón y Hitler, que infringieron innumerables muertes, fueron de corta duración, y las pérdidas territoriales fueron restauradas rápidamente y recuperadas con un amplio margen. Precisamente, en esto reside la singularidad del ciclo geopolítico actual: Períodos inusualmente largos (para la historia rusa), las pérdidas no se compensan por alguna adquisición, y la parálisis catastrófica del estado de autoconciencia no es contrarrestado por alguna personalidad deslumbrante, por líderes adecuados u operaciones exitosas. Esto genera una angustia, bien fundada, sobre la condición en que se encuentra la misma Rusia a día de hoy y la percepción sobre el futuro. El análisis más desapasionado e imparcial de la geopolítica de Rusia, muestra que la posición de hoy es una patología, una desviación de las líneas de fuerzas naturales e innegables del devenir histórico. Podemos considerar las invasiones mongolas como la única analogía relacionada con la pérdida de independencia durante dos siglos; pero incluso ésta se compensó por el hecho de que sobre el transcurso de este periodo, Rusia se impregnó en la experiencia de la telurocracia continental Euroasiática; una lección que aprendimos bien, y en la base a la cual se edificó, posteriormente, su poder planetario. Cómo Gorbachov y su círculo de incompetentes perdieron la «Guerra Fría», cómo los ingenuos reformistas (por no decir imbéciles) del periodo Yeltsin, se alegraron por el colapso de la URSS y la pérdida de soberanía de Rusia, hasta del establecimiento del control extranjero y atlantista del país, lo cual es sorprendente, si lo comparamos con el crecimiento estable en los avances territoriales que tuvieron lugar a lo largo de toda la etapa zarista, prácticamente, sin excepción; así como en todos los ciclos de la era soviética. En términos generales, y en relación a los soberanos rusos, los nombres de Gorbachov y Yeltsin pueden estar solamente junto a los nombres de Yaropolk, Dimitri el Falso, Shuysky o Kerensky[117]. Sus personalidades y sus políticas, fueron un completo fracaso sin retribución alguna.

La reintegración en el vector histórico natural se produjo únicamente con la llegada de Putin al poder, cuando el proceso en la cadena de colapsos se detuvo —y de ese modo, también, la muerte y fin definitivo de Rusia— o al menos se pospuso. Pero las contradicciones de la era de Putin, y especialmente, en el periodo del mandato de Medvedev, a veces recuerdan a las formas de los tiempos de Gorbachov y Yeltsin; no nos permite estar seguros de que las problemáticas recurrentes se hayan dejado atrás, y que Rusia entre de nuevo en su órbita natural y continental euroasiática. Queremos creer en esto, pero no hay suficientes motivos para afianzar tal creencia: Todas las reformas geopolíticas de Putin, positivas en el más alto grado, tienen un defecto sumamente importante: No son irreversibles, no pasaron el punto de no retorno; y, en consecuencia, están preparadas para caer en cualquier momento ante aquellos procesos destructivos que prevalecieron durante el fin de la era soviética, y en la democrática década de 1990.

---

[117]NdT: Yaropolk fue un príncipe del Rus de Kiev en el siglo X que quiso matar a sus hermanos para entronarse, pero finalmente uno de sus hermanos le mató (que sería el príncipe Vladimir, aquel que llevó el cristianismo al Rus). Dimitri el Falso y Shuysky intentaron ser los gobernantes polacos en el Gran Ducado de Moscovia durante el siglo XVII. Y Kerensky aparece mencionado en el capítulo 2 de este libro.

El futuro geopolítico de Rusia permanece bajo la incertidumbre, desde que su presente geopolítico es cuestionado y cuestionable . En la misma Rusia, una confrontación oculta tiene lugar entre su élite política, que oscila entre el nuevo occidentalismo (atlantismo) y la orientación hacia las constantes de la historia rusa (que necesariamente nos proporciona el eurasianismo). Desde aquí podemos trazar algunas conclusiones relacionadas con el desarrollo de los procesos geopolíticos que están por venir.

La naturaleza de la prolongada duración de esta crisis geopolítica, que se está alargando mucho más que cualquiera las anteriores, cuya imposibilidad de superar llega hasta el presente, indican que el constructo geopolítico del Corazón de la Tierra se encuentra, en sí mismo, en un estado confuso, que se refleja no sólo en la política exterior y en la estrategia, sino también en la calidad de la élite y en las condiciones generales de la sociedad.

En consecuencia, se requieren esfuerzos muy serios, y puede que extraordinarios, en las más variadas esferas, para salir de esta situación, incluyendo la movilización social y paradigmática. Pero esto, en su momento, demandará una fuerte voluntad y personalidad enérgica a la cabeza del gobierno, un nuevo tipo de élite en el mando y una nueva forma de ideología. Sólo en este caso se proyectará hacia el futuro el principal vector geopolítico de la historia rusa.

Si permitimos que esto ocurra, además, en el futuro inmediato, podemos deducir que Rusia tomará el cetro en la construcción de un mundo multipolar, embarcado en la creación de un sistema versátil de alianzas planetarias, dirigido a minar la hegemonía americana, y emerger de nuevo como un poder planetario en la organización de un modelo multipolar, concreto y asentado sobre nuevos fundamentos, proponiendo, principalmente, un amplio pluralismo de civilizaciones, valores, estructuras económicas, etc. En este caso, la influencia de Rusia crecerá rápidamente, y mantendrá de nuevo el vector básico del movimiento en la dirección de un poder mundial. Es precisamente tal escenario donde se puede plantear la base de una doctrina geopolítica no-contradictoria para Rusia, llamada a proporcionarle un futuro coherente con sus ambiciones históricas, de civilización y con su «significado espacial».

No podemos descartar que los acontecimientos se desarrollen sobre un escenario diferente, y además, se mantenga la prolongada crisis actual. En este caso, la soberanía de Rusia se debilitará de nuevo, su integridad territorial será puesta bajo cuestión y los procesos de degeneración de la élite en el mando y la condición de amplias sectores de las masas destruirán a la sociedad desde dentro. Con el añadido de la política efectiva de la civilización del Mar y su red de influencias en Rusia, esto puede conducir a las más elevadas cotas de destrucción como consecuencia. En tal caso, hablar de algún tipo de geopolítica de Rusia será superfluo.

En nuestra sociedad hay partidarios de aquel punto de vista que cree que esta Rusia no necesita tener más ambiciones globales o imperiales, para asegurar, aquello que el país no está en condiciones de acometer mediante su potencia real; pero al mismo tiempo, debe evitarse el desmoronamiento y degradación de la etapa anterior. Sin embargo, los partidarios de este punto de vista, no toman en cuenta que en las circunstancias actuales, para preservar la soberanía en las condiciones presentes, no se puede tener éxito durante mucho tiempo sin intentar expandirse y fortalecerse, y desde esta perspectiva los EEUU y la civilización del Mar, en general, ya se han adelantado significativamente a Rusia; y cuando la situación se vuelva crítica, ellos no dudarán en asestar un golpe definitivo contra su principal adversario en la gran guerra de los continentes. Todas las discusiones que tienen lugar en el oeste, tal y como ocurrió en su momento, concluyen en ver en Rusia como el único rival a batir, y su pretendida preocupación por la «amenaza islámica» o el crecimiento del potencial de China no son más que otras maniobras de distracción y elementos de una guerra de información. Todos los estrategas americanos que recibieron una educación completa y de élite, no pueden equivocarse al desentrañar las leyes de la geopolítica; no pueden errar al conocer a Mahan, Mackinder, Spykman, Bowman; no pueden ignorar a Brzezinski o Kissinger. La élite americana es perfectamente consciente de su naturaleza atlantista, y recuerda la fórmula esencial de los geopolíticos sobre cómo lograr la dominación global: «Quien controla Eurasia controla todo el mundo». Por consiguiente, desde un punto de vista geopolítico, están infundadas y no corroboradas las esperanzas en que Rusia sea capaz de preservarse a sí misma en esta forma limitada, regional y reducida en la cual se encuentra ahora, habiendo rechazado la movilización para una nueva etapa de expansión y participación en los procesos globales en el nombre de la civilización de la Tierra (que hoy se expresa bajo el principio de la multipolaridad). En ello radica el significado de esta fórmula totalmente justificada: «Rusia será grande o no será»[118]. Rusia no será capaz de convertirse en un país «normal» sin esfuerzos o por inercia. Si no entramos en una etapa de nuevos retos, no será posible sustraer a Rusia de una etapa de sucesivas caídas. Y si esto ocurre, entonces es imposible determinar en qué etapa terminará este ciclo recurrente de caídas, crisis y catástrofes. No podemos descartar tampoco la desaparición de nuestro país del mapa; después de todo, la gran guerra de los continentes es la guerra más real, en la cual, el precio de la derrota es la desaparición. No deberíamos concentrarnos demasiado en esta tenebrosa perspectiva, dado que el futuro está abierto y cuenta con un amplio horizonte ante sí, dependiendo su orientación de los esfuerzos que sean emprendidos en el presente. Como dijo el pensador político italiano , Curzio Malaparte: «Nada está perdido hasta que todo está perdido». Por lo tanto, deberíamos mirar hacia el futuro con un optimismo razonable y crear este futuro euroasiático y gran-continental para Rusia con nuestros propios esfuerzos.

---

[118]Duguin, A.G. «*Russian Thing*». M.: Arctogaia, 2001.

# Anexos

# Mapas y anotaciones

## El imperio Ruso (1914)

En el primer mapa (Fig. 1, pág. 157) se define la extensión territorial del Imperio Ruso que llegó hasta la primera guerra mundial (1914-1918). Con la derrota en la Gran Guerra estalló el proceso de las revoluciones que la llevaron al fin del mismo Imperio y el establecimiento de otro régimen político tras la Guerra Civil (1918-1923).

Hasta aquí, se aprecia un amplio dominio que se extendía por gran parte de Europa y de Asia, lo que da una idea de la importancia geopolítica de tal Imperio.

## El Tratado de Brest-Litovsk (1918)

En la página 158 (Fig. 2) tenemos el mapa que nos refleja las pérdidas para Rusia con el tratado de Brest-Litovsk (1918), donde los bolcheviques entregaron a las potencias centrales el oeste del Imperio de Rusia, y faltaría de ver en este mapa el oblast (o provincia) de Kars, que entregaron a Turquía y actualmente sigue formando parte del noreste ese Estado.

En el área europea aparecerían con este tratado cuatro nuevos Estados que de norte a sur serían: Finlandia, Estonia, Livonia y Ucrania, mientras que Polonia y Lituania pasarían al Imperio Alemán. Besarabia pasaría posteriormente a Rumanía.

Algunas de estas pérdidas serían irreversibles para el espacio ruso, como el caso de Finlandia que desde 1918 ha sido un Estado independiente ininterrumpidamente, mientras que otros territorios fueron tomados por la Unión Soviética durante su existencia.

# La Unión Soviética (1989)

En la Fig. 3 (Pág. 159) podemos apreciar la distribución territorial de la URSS en el año 1989.

A lo largo de sus siete décadas, la URSS fue aglutinando nuevos territorios mediante las conquistas en la segunda guerra mundial (1939-1945), pero también tuvo sus cambios territoriales internos, esto es, en sus Repúblicas Socialistas Soviéticas (RSS).

Por ejemplo, en su origen fundacional sólo eran 4 RSS. En el lejano oriente, existió Tannu Tuva como Estado independiente, que en 1944 entró a formar parte de la RSFS de Rusia. Entre 1922 y 1936 se forman 9 nuevas RSS: De la RSFS de Rusia se desgajaron 5 territorios que formaron respectivamente las RSS de Kazajstán, Kirguistán, Tayikistán, Turkmenistán y Uzbekistán. Y la RSS de Transcaucasia se disolvió y de ella surgieron 3 nuevas RSS: Georgia, Armenia y Azerbaiyán.

Con la Segunda Guerra Mundial, se producen anexiones de territorios en Europa oriental, los cuales, dan lugar a las RSS de Estonia, Letonia, Lituania y Moldavia. Además se forma la república Karelo-Finlandesa desgajada de la RSFS de Rusia, que existirá hasta 1956 en que es re-anexada a la RSFS de Rusia. Y en 1954 Nikita Jrushchov transfirió la península de Crimea de la RSFS de Rusia a la RSS de Ucrania.

# Los nuevos 15 países (1991)

La disolución de la URSS que tuvo lugar en 1991 dio lugar al surgimiento de 15 nuevos países que serían estos (véase la Fig. 4 (Pág. 160):

- En la parte europea oriental, de norte a sur:

  - Estonia (4)
  - Letonia (8)
  - Lituania (9)
  - Bielorrusia (3)
  - Ucrania (14)
  - Moldavia (10)

- En la parte caucásica, de oeste a este:

  - Georgia (5)
  - Armenia (1)
  - Azerbaiyán (2)

- En la parte de Asia central de norte a sur en sentido del reloj:

  - Kazajstán (6)
  - Kirguistán (7)
  - Tayikistán (12)
  - Turkmenistán (13)
  - Uzbekistán (15)

- Y por supuesto, se formó la Federación de Rusia (11).

# La Federación Rusa (1991 al presente)

La fig. 5 (Pág. 161) nos muestra un mapa de la Rusia actual. En él se puede ver cómo sigue siendo un gran territorio, aunque no tan extenso como en el primer mapa, relativo a 1914. Y a pesar de tal circunstancia, Rusia se distingue como el gran Estado entre Asia y Europa. Y con ello se puede entender el por qué de su importancia geopolítica.

En la actualidad sus extensas fronteras, que se hallan en el marco de intereses económicos mundiales, son motivos de disputas entre las potencias más importantes del mundo. Como es evidente, la geopolítica de Rusia tiene aún, mucho que escribir en la historia.

Figura 1: Mapa político del Imperio Ruso en 1914

Figura 2: Pérdidas de Rusia con el tratado de Brest-Litovsk (1918)

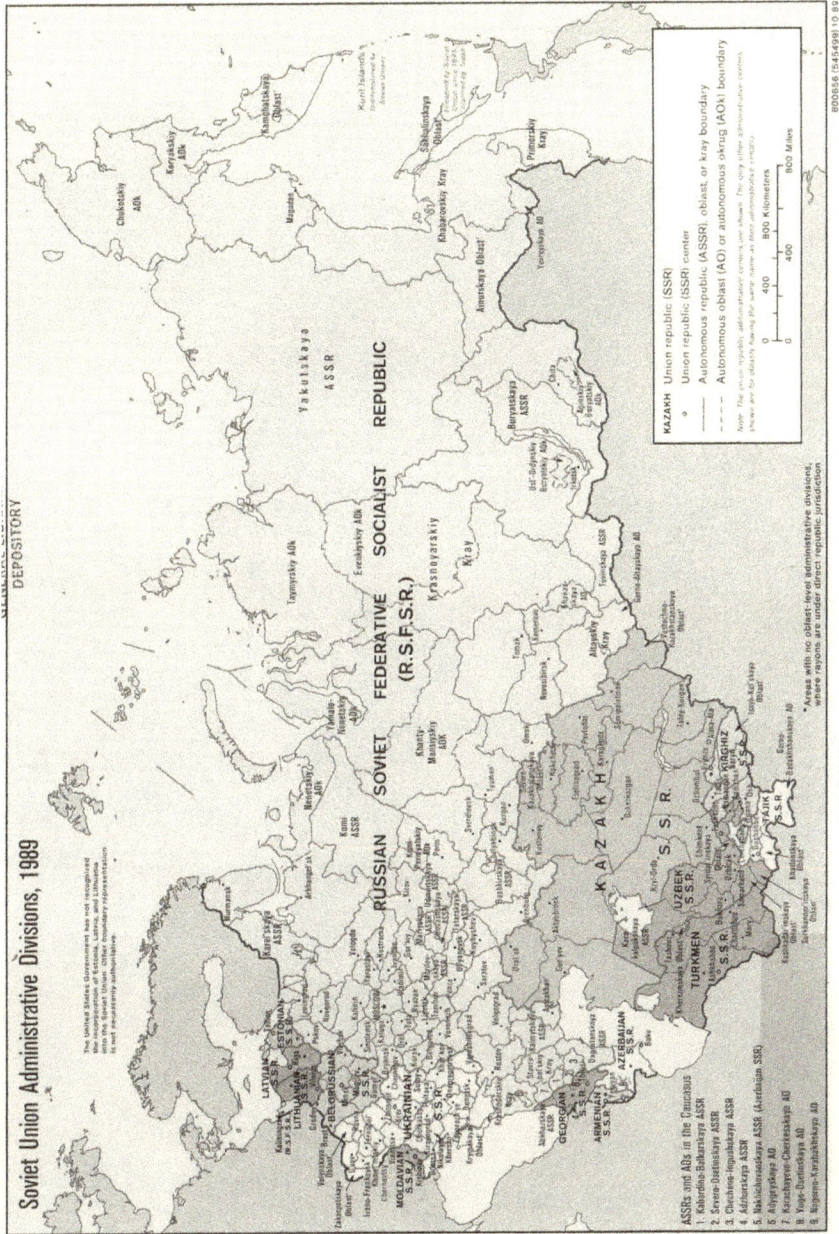

Figura 3: La Unión Soviética en 1989

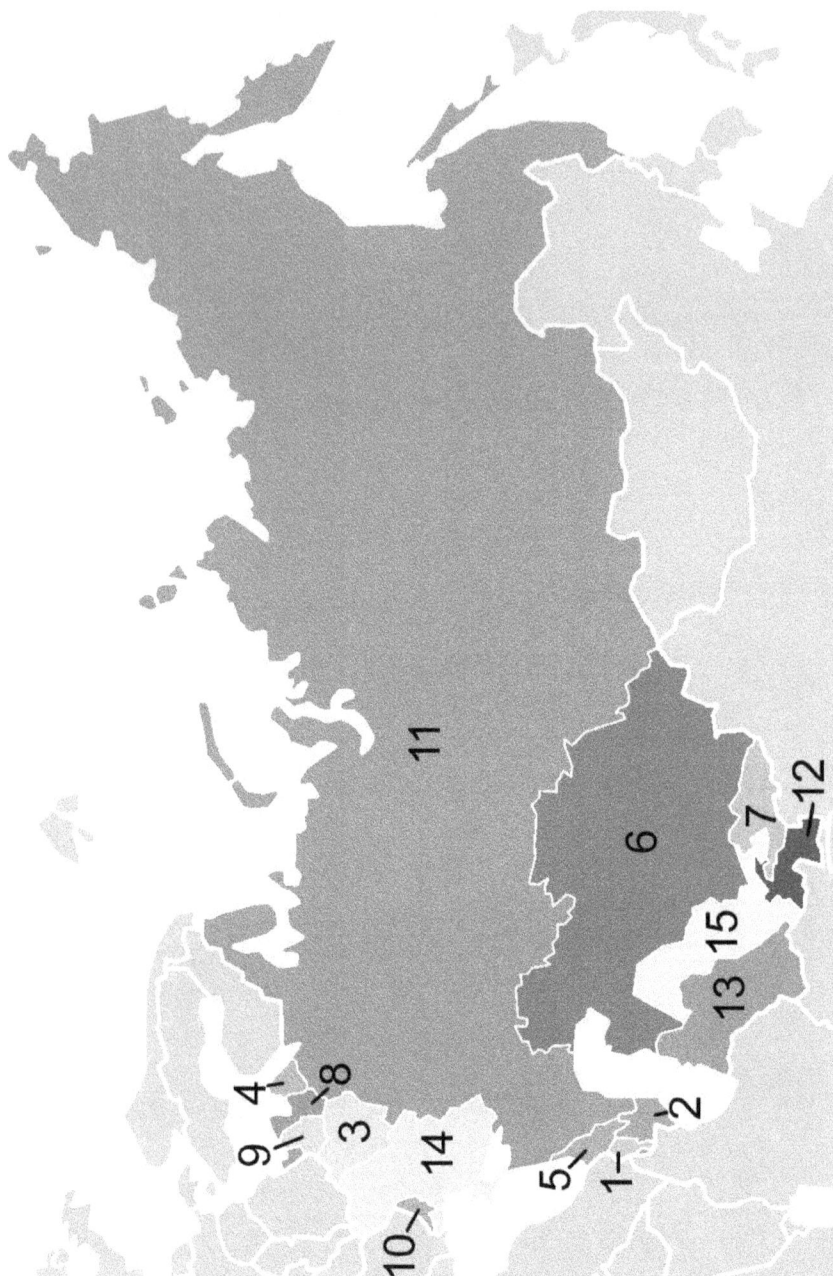

Figura 4: Rusia y las repúblicas ex soviéticas

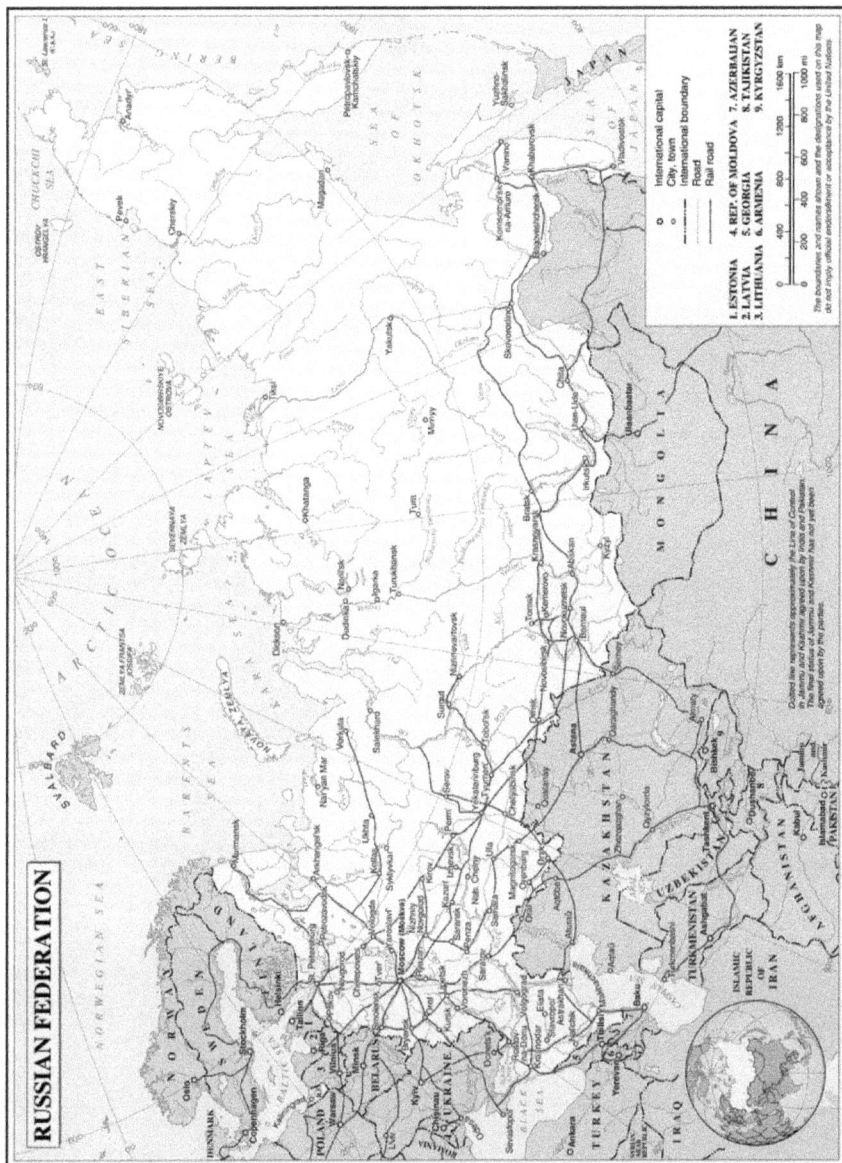

Figura 5: La federación Rusa en la actualidad

ALEKSANDR G. DUGUIN

# Aleksandr G. Duguin

Figura 6: Aleksandr G. Duguin

ALEKSANDR Guélievich Duguin (Александр Гельевич Дугин), nació el 7 de enero de 1962 en Moscú. Desde finales de la década de 1980 ha participado activamente en movimientos patrióticos, ha publicado un gran número de artículos y textos sobre diferentes temas, tales como política, filosofía, historia o geopolítica. Así mismo, ha traducido libros de pensadores tradicionalistas como Guénon, Evola y otros.

En 1988 fundó la editorial «Eon», que desde 1990 pasaría a llamarse «Arctogaia». En 1989 publicó su primer libro monográfico titulado «Los caminos de lo absoluto». En 1992 es el jefe de redacción de la revista «Elementos», de corte sociológica política. Entre 1992 y 1997 publicó numerosos libros como: «Conspirología», «Misterios

ALEKSANDR G. DUGUIN

de Eurasia», «Teoría Hiperbórea», «La Revolución Conservadora», «Metafísica de los evangelios», «Nuestro camino», «Fundamentos de geopolítica», «Caballeros templarios del proletariado», «La cosa rusa», «Metas y objetivos de nuestra revolución» y «La patria absoluta».

Por otra parte, desde 1998 hasta 2004, fue consejero en el parlamento ruso sobre cuestiones estratégicas y geopolíticas. A la vez, en el año 2000, creó el movimiento político pan-ruso llamado «Eurasia» (Евразия), que él mismo encabezaba. Al año siguiente, en 2001, lo instituyó como partido político y empezaron a publicar el periódico «el observador euroasiático». Así mismo, el partido político «Eurasia», se configuró a partir de 2003 como el Movimiento Internacional Euroasiático.

En esta primera década del siglo XXI, escribió numerosos libros, tales como: «La filosofía del tradicionalismo», «Fundamentos del eurasianismo», «La vía euroasiática», «Geopolítica del terrorismo», «La iglesia ortodoxa rusa en el espacio de Eurasia», «Filosofía política» y otros. Desde 2002 también es columnista en periódicos de tirada nacional como «*Izvestia*» (Известия), «*Literaturnaia Gazeta*» (Литературная газета) y «*Vremia Novostei*» (Время новостей).

También, en 2004, acabó el segundo doctorado en Rostov del Don, y recibió el título de profesor honorífico en la Universidad Nacional Euroasiática de Astaná (Kazajstán). Además, sus libros están traducidos a numerosos idiomas como el castellano, inglés, italiano, alemán, serbio, y rumano.

Desde 2008 hasta 2014 fue profesor de la Universidad Estatal de Moscú, y director del Centro de Estudios conservadores en la facultad de sociología de aquella universidad. También en la misma universidad, desde 2009, fue Jefe del Departamento de sociología de las relaciones internacionales.

En los últimos años ha escrito numerosos libros como: «La guerra de continentes», «Geopolítica», «El fin de la economía», «La cuarta teoría política», «Etno-sociología», «Postfilosofía», «Logos y Mitos», «Sociología de la imaginación», «Sociología de la sociedad rusa. Rusia entre el caos y el logos», «Putin contra Putin. El ex-presidente del

futuro», «La teoría del mundo multipolar», «Relaciones internacionales», «Ucrania: Mi guerra», así como varios libros relacionados
con la filosofía del alemán Martin Heidegger.

# Atribuciones de las imágenes

**Portada**
*Mapa de Rusia*
**Autor:** Shadowfox | **Licencia:** CC BY-SA 3.0 | **Fuente:** Wikimedia Commons
( https://commons.wikimedia.org/wiki/File:Soviet_Union_-_Russia.svg )

**Portada**
*Escudo de armas de la Federación Rusa*
**Fuente:** Wikimedia Commons
( https://commons.wikimedia.org/wiki/File:Coat_of_Arms_of_the_Russian_Federation.svg )

**Figura 1** (Pág. 157)
*Mapa del Imperio Ruso, 1914*
**Autor:** Instituto cartográfico de la URSS | **Licencia:** Dominio público | **Fuente:** Wikimedia Commons
( http://commons.wikimedia.org/wiki/File:Карта_России_по_губерниям_и_областям_(1914).jpg )

**Figura 2** (Pág. 158)
*Mapa del territorio perdido por Rusia según los términos del Tratado de Brest-Litovsk.*
**Autor:** Desconocido | **Licencia:** Dominio público | **Fuente:** Wikimedia Commons
( http://commons.wikimedia.org/wiki/File:Map_Treaty_Brest-Litovsk.jpg )

**Figura 3** (Pág. 159)
*División administrativa de la Unión Soviética en 1989*
**Autor:** Desconocido | **Licencia:** Dominio público | **Fuente:** Wikimedia Commons
( http://commons.wikimedia.org/wiki/File:Soviet_Union_Administrative_Divisions_1989.jpg )

**Figura 4** (Pág. 160)
*Repúblicas ex soviéticas tras la disolución de la URSS (1991)*
**Autor:** Hoshie | **Licencia:** CC BY-SA 3.0 | **Fuente:** Wikimedia Commons
( http://commons.wikimedia.org/wiki/File:USSR_Republics_Numbered_Alphabetically.png )

**Figura 5** (Pág. 161)
*Mapa de la Federación Rusa (2013)*
**Autor:** Naciones Unidas | **Licencia:** Dominio Público | **Fuente:** Wikimedia Commons
( http://commons.wikimedia.org/wiki/File:Un-russia.png )

**Figura 6** (Pág. 163)
*Alexandr G. Duguin*
**Autor:** Ángel Fernández Fernández

# Hipérbola Janus
## Otros títulos publicados

### Carlo Terracciano
**Geopolítica**

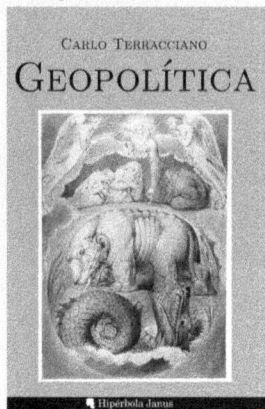

Carlo Terracciano (1948-2005) es considerado en Italia como el padre de la geopolítica, tanto por la importancia que tuvo a través de la revitalización del conocimiento de esta ciencia olvidada y denostada, como por la introducción de nuevas concepciones en el estudio de susodicha materia. Tomando como punto de partida una visión organicista mediante una línea supraindividual y metahistórica, el autor italiano traza una concepción spengleriana de la historia a través del devenir de las dos grandes superpotencias que han marcado el desarrollo histórico y geopolítico fundamental en la segunda mitad del siglo XX. En esta labor también nos descubre a los pioneros de la materia, a los Kjéllen, Mackinder, Haushofer o Von Lohausen, y hace su particular contribución.

Nadie mejor que Aleksandr Duguin para describir al hombre y la obra:

«Creo que Carlo Terracciano es uno de los mayores geopolíticos europeos de los últimos decenios. Estoy convencido de que será reconocido como uno de los modernos autores clásicos de esta materia. He tenido la oportunidad de conocer personalmente a Carlo Terracciano y siempre he admirado la rectitud de su posición ideológica en vida: la geopolítica era para él una elección existencial; vivió su vida en pleno acuerdo con sus principios, demostrando poseer un estilo romano, olímpico, impensable para la nuestra: la fidelidad, la total dedicación a la causa, la completa integridad moral, sin ninguna consideración hacia los efectos de la presión de la modernidad».

Págs.: 340
Fecha: 31/10/2021
ISBN : 979-8756699838
https://amzn.to/3pUSj1S

### Boris Nad
**Después del virus: El renacimiento de un mundo multipolar**

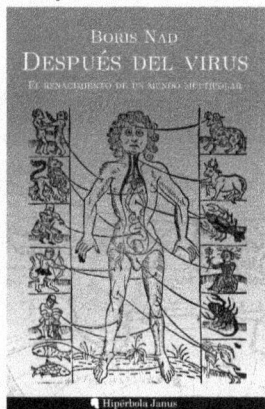

Todas las señales nos sitúan ante el siguiente escenario: el orden mundial del Occidente moderno dominado por los Estados Unidos de América no sobrevivirá al siglo XXI. El «Fin de la historia» proclamado después de la Guerra Fría se ha mostrado como una ilusión y una falacia, y ha dejado a muchos desguarnecidos ante la crisis, los conflictos y los cambios catastróficos que se ciernen sobre nosotros y están por venir.

*Después del virus: El renacimiento de un mundo multipolar*, de Boris Nad, es una invitación al lector para adentrarse en un proceso de catarsis en el que descubrirá que no existe una sola civilización sino muchas civilizaciones, y que los horizontes del futuro están abiertos y presentan un arraigo en el pasado y el presente. El autor nos propone un ensayo sólido y compacto, a través de una compilación de artículos desarrollados entre 2017 y 2022, con la desafiante tesis que apunta al final de una era, al «fin del mundo», pero solo de uno, que nos acerca de nuevo al auge y caída de las civilizaciones y al cambio de ciclo, a la fundación de un nuevo paradigma histórico.

Esta obra nos ofrece una lectura imprescindible para reflexionar, para tomar conciencia y revelar las intuiciones del mundo que viene, que se está forjando en nuestros días.

Págs.: 380
Fecha: 05/11/2022
ISBN : 979-8362187439
https://amzn.to/3U8QydC

# Otros títulos publicados

### Aleksandr G. Duguin
## Proyecto Eurasia: Teoría y Praxis

Desde hace ya algunos años el término Eurasianismo ha cobrado una fuerza y un impulso inusitado. Desde que la Federación Rusa pareció renacer de sus cenizas bajo el mandato de Vladimir Putin, tras una década de liberalismo postsoviético, las tesis del eurasianismo han vuelto a sonar con fuerza entre politólogos analistas internacionales. Detrás de esta doctrina encontramos a su creador, Aleksandr Duguin, líder del movimiento eurasianista, filósofo y politólogo de reconocido prestigio. ¿Qué sabemos del eurasianismo? ¿Qué tiene de específico y fundamental y por qué irrumpe con tanta fuerza en los tiempos actuales? Estas y otras cuestiones de mayor calado y profundidad son analizadas por el autor desde su perspectiva particular y aquella de la escuela a la que representa.

En este libro el lector no encontrará solamente las claves del eurasianismo como tal, sino que también tendrá acceso al revisionismo, desde un particular enfoque, de las fundamentales cuestiones político-ideológicas que nutrieron el pasado siglo XX, desde el marxismo, los fascismos o el propio liberalismo, vigente en nuestros días, sirviéndose de sus principales figuras, como es el caso de Karl Popper.

Págs.: 194
Fecha: 28/03/2025 (2ª Ed.)
ISBN : 978-1961928282

https://www.hiperbolajanus.com/libros/proyecto-eurasia-aleksandr-duguin/

### Aleksandr G. Duguin
## Putin vs Putin: Una visión de la Rusia del s. XXI

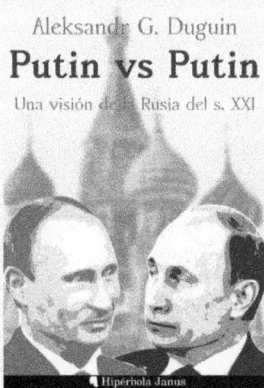

¿Quién es Vladímir Putin? ¿En qué momento tiene lugar su salto a la alta política? ¿Cuáles son sus logros y sus fracasos? ¿Qué posibilidades y potencialidades hay tras sus acciones de gobierno? En este libro, del insigne politólogo ruso Aleksandr Duguin, tenemos la oportunidad de desvelar y conocer en profundidad la figura de uno de los líderes mundiales más importantes del siglo XXI. Desde Occidente la visión del presidente de la Federación Rusa se ha visto distorsionada en gran parte por la narrativa en su contra que los principales medios de comunicación occidentales han venido promulgando.

El papel de Putin al frente de Rusia se ha movido en torno a un equilibrio muy frágil: entre el influjo de un liberalismo que le ha forzado a introducir reformas liberales en el país para mantener buenas relaciones con Estados Unidos y Europa y, paralelamente, la visión del patriota que está junto al pueblo y se encuentra en el deber de mantener la identidad y la soberanía de Rusia, no solo contra el nuevo orden globalista impuesto por el liberalismo, sino también frente a los propios liberales rusos.

En definitiva, el lector encontrará en este libro muchas claves para conocer mejor la realidad de la Rusia actual y el motivo por el cual su presidente, Vladímir Vladímirovich Putin, se encuentra en un punto de encrucijada en estos momentos.

Págs.: 382
Fecha: 10/04/2017
ISBN : 978-1545316238

https://www.hiperbolajanus.com/libros/putin-vs-putin-aleksandr-duguin/

www.ingramcontent.com/pod-product-compliance
Lightning Source LLC
Chambersburg PA
CBHW020357100426
42812CB00001B/93